KB251369

현대
실용한자

KSI 한국학술정보㈜

머 리 말

  2천여 년의 한자·한문의 역사를 가지고 있으면서도 일각에서는 한자를 중국 글자라고 하면서 외국 글이니 배척해야 한다는 이론을 펴고 있으나 이는 우리의 현실을 도외시한 생각이라고 본다. 한자를 완전히 무시하거나 언어생활에서 제외한다고 해서 한글전용이 이루어지는 것은 결코 아닐 것이다. 국어에서 한자가 차지하는 비중이 너무나 크기 때문에 완벽한 이해와 올바른 사용을 위해서는 한자를 알아야 한다.

  최근 조사된 바에 따르면 우리말 큰 사전에 수록된 어휘 164,125개 중에서 우리 고유어가 74,612개 한자어가 85,527개, 기타 외래어가 3,986개로 되어 있는 바와 같이 한자가 중요한 위치를 차지하고 있다. 또한 우리 조상들은 한글이 창제되기 전에는 오로지 한자로써 의사를 표현하였고 생활을 기록하였으며 문학작품을 창작하였다. 따라서 문화유산을 이해하고 계승, 발전시키기 위해서는 반드시 한자를 알아야 한다.

  다음으로 한자의 영역권은 중국, 일본, 베트남, 인도네시아 등 동양 전역에 널리 미치고 있다. 이들 나라들은 우리와 인접해 있으면서 지난날에도 많은 교류가 있어왔고 개방화, 국제화에 따라 더욱 활발한 교류가 이루어지고 있어 같은 한자문화권 내에서 한자를 안다는 것은 현대인에게 필수 불가결한 것이다. 이 책은 대학에서의 강의와 사회생활을 하면서 경험을 통한 실생활에 꼭 필요하다고 생각되는 내용을 수록하였지만 여러 가지로 부족한 면이 많다고 생각되나 학습하는 분들이 이 책을 기초로 해서 더욱 정진하길 기대한다.

2008年 6月

編著者 安世鏞 識

차 례

제1장 한자의 이해

대학생과 일반인을 위한
現代 實用漢字

1. 한자의 특성과 변천

가. 한자의 특성(한자의 3요소)

  표의문자인 한자는 각각의 글자마다 하나의 음절로 이루어져 있는 단음절어라고 한다. 우리말은 나무를 나타내는 데 '나'와 '무'라는 두 음절이 필요하지만 한자의 경우 목(木) 한 글자로 표현한다.

  그 후 두 글자로 된 한자 단어도 만들어지고 세 글자 이상의 복합 단어도 생겼지만 한자는 본래 한 글자에 한 음절, 한 단어이다. 하나의 글자가 하나의 낱말구실(一字一義)을 하며 각 글자마다 각각의 모양과 소리를 지니고 있다. 그러므로 '나무'란 뜻을 가진 글자를 쓰려고 하면 그 모양은 '木'이라고 쓰고 소리는 '목'이라고 읽는다. 따라서 한자를 공부할 때는 각 글자의 고유한 모양인 형(形)과 각 글자 고유의 소리인 음(音)과 각 글자가 가지고 있는 뜻인 의(義), 즉 세 가지를 동시에 익혀야 한다. 이러한 形, 音, 義 세 가지를 한자의 3요소(三要素)라고 말한다.

<예>	모양(形)	소리(音)	뜻(義)
	木	목	나무
	月	월	달
	安	안	편안하다

나. 한자의 기원

  한자의 기원은 전설로 전해지며 창제설과 자연발생설, 도형부호설 등이 있으나 창제설에 의하면 지금으로부터 4700년 전쯤 황제의 사관인 창힐(蒼頡)이 황하강가의 새 발자국을 보고 처음으로 한자를 만들었다고 한다. 그러나

한자도 세계 어느 나라의 문자와 마찬가지로 한두 사람에 의해 쉽게 만들어 질 수는 없는 일이며 오랜 세월을 지나는 동안 많은 사람들에 의해 발명, 변천, 사용되었다고 본다.

다. 한자의 변천

(1) 갑골문자(甲骨文字)

약 3500년 전 중국 은나라의 상형문자로 귀갑(龜甲)이나 짐승의 뼈 위에 새겨진 문자이다. 갑골문자의 최초발견은 1899년에 중국의 왕의영이란 사람 이 한약방에서 지어온 한약재인 용골(龍骨)에 새겨진 부호를 우연히 발견한 것이 처음이다.

(2) 전서(篆書)

가장 오래된 한자 서체이다. 춘추전국시대로부터 진나라시대에 사용된 것 으로 진나라의 자형통일정책이 실현되어 이사(李斯)가 획일화한 자형을 소전 이라고 한다.

(3) 예서(隷書)

소전(小篆)이 간략화된 형태로 오늘날의 자형(字形)에 가까운 예서체가 나 타났다.

(4) 해서(楷書)

후한시대에 왕차중(王次仲)이 예서를 변화시켜 쓰기 시작한 것으로 해서체 는 현재 우리가 사용하는 정서체(正書體)로서 예서를 더욱 간략히 하고 발 전시킨 표준자체이다.

(5) 행서(行書)

예서를 빨리 쓰기 위하여 해서를 조금 변형시킨 서체이다. 편리하기 때문에 유행한 것으로서 행서라고 부르게 된 것이다.

(6) 초서(草書)

한자의 전서, 예서 등의 자획을 생략하여 흘림글씨체로 쓴 서체로 초고(草稿)의 뜻이며 신속히 쓰는 필기체이다.

라. 사용 한자

갑골문자 시대의 초기 한자는 약 3000자 정도며 최초의 자전(字典)이라고 할 수 있는 한나라 때의 허신(許愼)이 지은 설문해자(設文解字)에는 총 9,353자이다. 그 후 당(唐)나라, 송(宋)나라 시대에는 대개 30,000자로 증가되었다가 청(淸)나라 때에는 50,000자로 더욱 증가되었다. 오늘날 사용되는 한자의 수는 약 84,000자가 확인된다.

현재 국내에서의 국가공인 대상급수는 한자실력평가 주관기관에 따라 약간의 차이는 있으나 사범급은 5000자와 한문법을 1급은 3500자, 2급은 2300자, 3급은 1800자를 확실히 인지하고 있는가를 기준으로 평가하고 있으며 급수자격취득자에게는 자격기본법 27조에 의거 국가자격취득자와 동등한 대우와 해택을 주고 있다.

그 외 4급에서 8급까지는 알아야 할 한자 기준을 정하여 시행하고 있으며 초중고 학생에게는 교육인적자원부 훈령 제616호에 따라 학교생활기록부 자격증 및 인증취득 상황란에 등재할 수 있도록 하고 있다.

2. 한자의 제자 원리(六書)

육서(六書)는 전한(前漢) 말경부터 생긴 한자분류법으로 기본적 구성법과 응용의 법에 따라 구분되는 여섯 가지 기본원칙을 말한 것이다.

육서에 대한 명칭과 차례는 학자마다 그 견해가 각각 다르나 허신(許愼)이 쓴 설문해자서(說文解字敍)에 의하면 상형(象形) 지사(指事) 회의(會意) 형성(形聲) 전주(轉注) 가차(假借)로 분류하고 있다.

가. 상형(象形)

사물의 모양을 있는 그대로 본떠서 만든 글자이다. 이 상형의 방법을 통해 만들어진 글자를 상형자(象形字)라고 부르는데 상형자는 총 364자이며 그중 순수 상형자는 242자 정도가 된다.

〈예〉	日(☼ ☉)(날 일)	해의 모양을 본뜬 글자
	山(⛰ ⛰)(메 산)	산의 모양을 본뜬 글자

나. 지사(指事)

눈에 보이지 않거나 구체적인 모양이 없는 숫자나 위치 등을 점·선같이 부호나 기호로써 나타내는 글자이다. 생각이나 뜻을 부호나 도형으로 나타낸 글자로 대략 125자 정도다.

〈예〉	上(二 上)(위 상)	기준선 위에 점을 찍어 위를 뜻한 글자
	本(木 本)(근본 본)	나무의 줄기를 가리켜 근본을 뜻한 글자

다. 회의(會意)

　두 개 이상 글자의 뜻과 뜻을 합해 만든 글자이다. 이미 만들어진 두 개 이상의 한자를 결합해서 새로운 한 글자를 만드는 방법으로 그 글자들의 뜻을 모아 처음의 글자들과는 전혀 다른 새로운 뜻을 가진 글자를 만드는 것을 회의라고 하며 회의의 방법을 통해 만들어진 글자들을 회의자라고 한다.

<예>
① 日(날 일) + 月(달 월) → 明(밝을 명)
明은 '日'과 '月' 두 글자가 결합된 글자로, '해와 달이 합치면 더욱 밝다'는 뜻이 됨.
② 人(사람 인) + 言(말씀 언) → 信(믿을 신)
사람(人)의 말(言)은 마땅히 믿음직스러워야 하므로, '人'과 '言' 두 글자를 결합해서 '믿다'라는 뜻을 지닌 '信'이라는 글자를 새롭게 만들어낸 것임.

라. 형성(形聲)

　두 개 이상 글자의 음과 뜻을 합해 만든 글자이다. 이미 만들어진 두 개 이상의 한자를 결합해서 새로운 한 글자를 만드는 방법으로 한 글자는 뜻을 다른 한 글자는 소리와 함께 아울러 뜻도 나타내도록 하는 것을 형성이라고 하며 이렇게 만들어진 형성자가 한자의 80% 이상을 차지한다.

<예>
① 水(물 수) + 靑(푸를 청) → 淸(맑을 청)
물(水)이 푸르게(靑) '맑다'는 뜻에서 '淸'이라는 글자가 생겨났는데, '水'가 뜻 부분의 역할을 하고 '靑'이 음 부분의 역할을 한 것임.
② 日(날 일) + 靑(푸를 청) → 晴(갤 청)
하늘(日)이 푸르게(靑) '개이다'라는 뜻에서 '晴'이라는 글자가 생겨났는데, '日'이 뜻 부분의 역할을 하고 '靑'이 음 부분의 역할을 한 것임.

마. 전주(轉住)

새로운 뜻으로 파생, 전용되어 쓰이는 글자.

만들어진 한자의 뜻을 더 늘린 방법으로 본래의 뜻을 변화시키고 끌어대어 본래 뜻과 연관이 있는 뜻으로 바꾸어 쓰는 것을 전주라고 한다. 이 경우 본래 글자의 음이 변하지 않거나 음까지 변하는 경우가 있다.

<예>

① 뜻만 변하는 경우
長: 어른 장(長幼) → 긴장(長短) → 우두머리 장(校長)
老: 늙을 노(老少) → 익숙할 노(老鍊)
② 음까지 변하는 경우
풍류 악(農樂) → 즐길 락(娛樂) → 좋아할 요(樂山)
악할 악(善惡) → 미워할 오(憎惡)

바. 가차(假借)

새로운 말이 생겼을 때 (외국어 등) 뜻은 전혀 상관없이 음만 빌려 쓰는 글자. 어떤 사물이나 이름을 글자로 표기할 경우 관계가 전혀 없는 뜻을 가진 글자라고 하더라도 소리가 같으면 빌려 쓰는 방법을 가차라고 한다.

<예>

① Asia   → 亞細亞(아세아)
② Paris   → 巴利(파리)
③ Buddha   → 佛陀(불타)

3. 부수(部首)

가. 부수의 이해

(1) 부수(部首)란

한자(漢字)를 만들고, 만들어진 글자의 훈 음을 자전에서 찾아보기 쉽게 배열한 글자들끼리의 공통되는 부분이다. 이 글자 집단을 부(部)라 하고, 각 부의 글자들에서 서로 공통되는 부분을 부수(部首)라고 하고 있다.

이를테면, '日' 部에는 일(日)·시(時)·요(曜)·춘(春)·시(詩)·성(星) 따위와 같이 '日' 字를 바탕으로 해서 이루어진 글자들을 모으고, '日' 字를 부수로 정하고 있다.

(2) 부수의 구실

① 부수는 주로 상형자와 지사자로 되어 있으며, 그 부의 가장 기본이 되는 글자 구실을 한다.

② 글자의 개략적인 뜻을 나타낸다. 이를테면, 氵(水의 변형) 부수인 한자는 물과 관계가 깊음을 나타낸다. 江(강 강), 淸(맑을 청), 深(깊을 심), 海(바다 해), 溪(시내 계), 洗(씻을 세)

③ 자전에서 글자의 음과 뜻을 찾는 데에 활용된다.

(3) 부의 수와 부수의 명칭

부(部)는 현재 214부수자(部首字)로 되어 있으며 변형된 부수(部首)를 합하면 대략 250자(字)가 된다. 따라서 부수(部首)의 명칭(名稱)은 관습적인 명칭보다 원래의 음과 뜻을 기억해야 한다. 예를 들어 '宀' 字를 관습적으로 '갓머리'라고 하나, 원래 '움집 면'으로 '宀' 字가 부수인 한자는 '집'과 관련이 있음을 쉽게 알 수 있다.

나. 부수의 위치에 따른 분류

부수는 한자의 짜임과 매우 밀접한 관계를 지니고 있을 뿐만 아니라, 한자를 익히는 데 있어서 아주 편리한 학습요소가 되기도 한다. 한자의 글자꼴을 살펴보면, 부수는 항상 한 글자의 형태 속에서 일정한 위치에 자리하고 있음을 쉽게 알 수 있다. 이 부수의 위치에 따라 크게 구분해 보면 다음과 같이 나뉜다.

(1) 邊(변): 글자의 왼쪽부분을 차지하는 부수

<예>
人[亻](사람 인) → 仁(인) 仙(선) 信(신)
彳(자축거릴 척) → 往(왕) 待(대) 得(득)
扌[手](손 수) → 持(지) 指(지) 授(수)

▶ 변에 쓰이는 부수: 冫. 氵. 亻. 彳. 犭. 忄. 阝. 扌. 牛. 王. 歹. 示.
  礻. 耒. 言. 足. 食

(2) 旁(방): 글자의 오른쪽 부분을 차지하는 부수('扁(편)'이라고도 함)

<예>
攴[攵](칠 복) → 收(수) 改(개) 放(방)
欠(하품할 흠) → 次(차) 欲(욕) 歌(가)
頁(머리 혈) → 頂(정) 順(순) 頭(두)

▶ 방에 쓰이는 부수: 刂. 卜. 卩. 彡. 阝. 攵. 攴. 欠. 殳. 頁

(3) 冠(관, 머리): 글자의 윗부분을 차지하는 부수

<예>
宀(움집　면) → 宇(우)　安(안)　家(가)
艹[艸](풀 초) → 花(화)　草(초)　落(락)
竹(대　죽) → 笑(소)　答(답)　筆(필)

▶ 머리에 쓰이는 부수: 亠. 冖. 宀. 穴. 爪. 口. 竹. 雨. 艹. 𣥼. 罒. 虍

(4) 脚(각, 발): 글자의 아래 부분을 차지하는 부수

<예>
儿(어진사람 인) → 元(원)　兄(형)　光(광)
灬[火](불　화) → 烏(오)　無(무)　然(연)
皿(그릇　명) → 益(익)　盛(성)　盡(진)

▶ 발에 쓰이는 부수: 儿. 廾. 灬. 心. 氷. 舛. 皿

(5) 垂(수, 엄호): 글자의 위에서 왼쪽으로 늘어진 부분을 동시에 차지하고 있는 부수

<예>
广(집　엄) → 店(점)　度(도)　庭(정)
尸(주검 시) → 尾(미)　居(거)　屋(옥)
虍(범　호) → 虎(호)　虛(허)　處(처)

▶ 엄호에 쓰이는 부수: 厂. 广. 疒. 尸. 戶. 虍

(6) 僥(요, 받침): 글자의 왼쪽에서 밑 부분을 동시에 차지하고 있는 부수

<예>
辶(머뭇거릴 착) → 近(근)　迎(영)　道(도)
走(달아날　주) → 起(기)　超(초)　趙(조)
廴(길게걸을 인) → 廷(정)　延(연)　建(건)

▶ 받침에 쓰이는 부수: 辶. 走. 廴

(7) 構(구, 몸): 글자의 둘레를 차지하고 있는 부수

<예>
口(에워쌀 위) → 國(국)
門(문   문) → 間(간)
匸(감출   혜) → 區(구)

▸ 몸으로 쓰이는 부수: 勹. 冂. 匚. 匸. 口. 弋. 戈. 气. 行. 門

(8) 單獨體(단독체, 제 부수): 글자 전체가 그대로 부수인 것

<예>
山(메 산)   水(물 수)   木(나무 목)
見(볼 견)   牛(소 우)   月(달 월)
日(날 일)   金(쇠 금)   馬(말 마)

▸ 제 부수로 쓰이는 글자

一. 乙. 二. 人. 入. 八. 几. 刀. 十. 又. 口. 土. 士. 夕. 大. 女. 子.
寸. 小. 山. 工. 己. 巾. 干. 弓. 心. 戶. 手. 文. 斗. 斤. 方. 日. 曰.
月. 木. 止. 比. 毛. 氏. 水. 火. 父. 牛. 犬. 玄. 玉. 瓦. 甘. 生. 用.
田. 白. 皮. 目. 矛. 矢. 石. 示. 禾. 穴. 立. 竹. 米. 羊. 耳. 肉. 臣.
自. 至. 舌. 舟. 艮. 色. 血. 行. 衣. 見. 角. 言. 谷. 豆. 見. 赤. 走.
足. 身. 車. 辛. 辰. 邑. 酉. 里. 金. 長. 阜. 雨. 靑. 非. 面. 革. 音.
風. 飛. 食. 首. 香. 馬. 骨. 高. 鬼. 鳥. 魚. 鹿. 麥. 麻. 黃. 黍. 黑.
鼎. 鼓. 鼠. 鼻. 齊. 齒. 龍. 龜 등

(9) 위치가 글자의 상, 하, 좌, 우에 다양하게 쓰인 부수

<예>
口 = 品. 哀. 告. 呼. 同 등

▸ 다양하게 쓰이는 부수: 口. 巾. 月. 禾. 釆. 酉. 聿. 豕. 隹 등

다. 부수의 유형

현재 쓰이고 있는 214개의 부수 가운데는 의미가 서로 유사하거나 같은 범주에 속하는 것들이 많다. 이러한 부수들을 유형별로 분류하여 파악하는 것은 부수를 터득하는 데 많은 도움을 준다.

(1) 사람과 관련된 부수
人. 儿. 士. 大. 女. 子. 尢. 己. 母. 比. 父. 疒. 立. 老

(2) 身體(신체)와 관련된 부수
머리와 관련된 부수: 而. 面. 頁. 首. 髟
눈과 관련된 부수: 目. 艮. 見. 臣
코와 관련된 부수: 自. 鼻
입과 관련된 부수: 凵. 口. 曰. 欠. 舌. 言. 音
귀와 관련된 부수: 耳
이와 관련된 부수: 牙. 齒
손과 관련된 부수: 又. 寸. 屮. 廾. 手. 支. 攴. 殳. 爪. 隶. 鬥
발·다리와 관련된 부수: 夂. 止. 疋. 癶. 舛. 足
기타: 尸. 心. 歹. 毛. 肉. 血. 身. 骨

(3) 天文(천문)과 관련된 부수
夕. 日. 月. 气. 辰. 雨. 風

(4) 地理(지리)와 관련된 부수
厂. 土. 山. 巛. 水. 田. 石. 谷. 邑. 里. 阜

(5) 通行(통행)과 관련된 부수

辵. 彳. 舟. 行. 走. 車. 走

(6) 家屋(가옥)과 관련된 부수

宀. 尸. 广. 戶. 穴. 門

(7) 衣類(의류)와 관련된 부수

巾. 糸. 衣. 黹

(8) 財貨(재화)와 관련된 부수

玉. 貝. 金

(9) 動物(동물)과 관련된 부수

牛. 犬. 内. 羊. 虎. 虫. 豕. 豸. 酉. 隹. 馬. 魚. 鳥
鹿. 黽. 鼠. 龍. 龜

(10) 植物(식물)과 관련된 부수

屮. 木. 竹. 艸. 麻

(11) 飮食(음식)과 관련된 부수

匕. 火. 瓜. 甘. 禾. 米. 豆. 辛. 酉. 食. 香. 鬯. 鹵. 麥. 黍

(12) 그릇과 관련된 부수

斗. 皿. 缶. 豆. 鬲. 鼎

(13) 가죽과 관련된 부수

皮. 革. 韋

(14) 樂器(악기)와 관련된 부수

鼓. 龠

(15) 武器(무기)와 관련된 부수

刀. 匕. 干. 弋. 弓. 戈. 斤. 矛. 矢

(16) 색깔과 관련된 부수

玄. 白. 赤. 靑. 黃. 黑

(17) 기타 器物(기물)과 관련된 부수

力. 工. 瓦. 网. 耒. 臼. 聿

라. 부수의 변형

부수는 독립된 글자로 쓰일 때의 자형과 글자의 일부로 쓰일 때의 자형이 다른 경우가 있다. 그 까닭은 쓰기의 편리함이나 글자 형태의 자연스러움을 고려한 때문이다. 부수의 변형은 자전의 활용과 직접적인 연관이 있으므로, 변형된 형태의 부수를 정확히 아는 것은 매우 중요하다. 다음은 사용 빈도가 높은 변형자들이다.

乙(새 을): 乞(빌 걸), 乾(하늘 건)

→ ① 乙: 九(아홉 구)   ② ㄴ: 也(어조사 야)   ③ ㄴ: 亂(어지러울 란)

人(사람 인): 介(낄 개), 企(발돋음할 기)

→ 亻: 信(믿을 신), 仁(어질 인)

刀(칼 도): 切(벨 절), 初(처음 초)

→ 刂: 別(다를 별), 刻(새길 각)

卩(병부 절): 印(도장 인), 卿(벼슬 경)

→ 㔾: 危(위태할 위), 卷(책 권)

巛(내 천): 巡(돌 순) 巢(새집 소)

→ 川: 州(고을 주)

크(돼지머리 계, 튼가로 왈)

→ ① 크: 彗(비 혜), 彝(떳떳할 이)
  ② 彑: 彘(돼지 체), 彙(고슴도치 휘)

心(마음 심): 忍(참을 인), 恥(부끄러워할 치), 曖(사랑할 애)

→ ① 忄: 性(성품 성), 悟(깨달을 오)
  ② 㣺: 恭(공손할 공), 慕(그리워할 모)

手(손 수): 掌(손바닥 장), 拳(주먹 권), 擊(칠 격)

→ 扌: 技(재주 기), 投(던질 투)

攴(칠 복): 敍(차례 서), 敲(두드릴 고)

→ 攵: 收(거둘 수), 改(고칠 개)

水(물 수): 泉(샘 천), 沓(겹칠 답), 漿(미음 장)

→ ① 氵: 深(깊을 심), 淸(맑을 청), 溫(따뜻할 온)
  ② 水: 泰(클 태)

| 火(불 화): 然(사를 연), 煙(연기 연), 爥(촛불 촉) |

→ 灬: 無(없을 무), 熱(더울 열)

| 爪(손톱 조): 爬(긁을 파) |

→ 爫: 爭(다툴 쟁), 爲(할 위)

| 牛(소 우): 牢(우리 뢰), 牽(끌 견) |

→ 牜: 特(수컷 특), 物(만물 물)

| 犬(개 견): 狀(모양 상), 獸(짐승 수), 獻(바칠 헌) |

→ 犭: 狗(개 구), 狂(미칠 광)

| 玉(구슬 옥): 璧(둥근 옥 벽), 璽(도장 새) |

→ 王: 珍(보배 진), 理(다스릴 리)

| 示(제사 시): 祝(빌 축), 神(귀신 신) |

→ 礻: 襠(제사 활), 褉(복 명)

| 网(그물 망) |

→ ① 罒: 罪(허물 죄), 羅(그물 라), 罰(죄 벌)
  ② 冖: 罕(그물 한)

| 羊(양 양): 洋(바다 양), 祥(상서로울 상) |

→ ① 𦍌: 美(아름다울 미), 義(옳을 의)
  ② 羊: 羚(영양 령), 羝(수양 저)

| 老(늙을 로): 耆(늙은이 기), 耋(늙은이 질) |

→ 耂: 考(상고할 고), 者(사람 자)

| 肉(고기 육): 胔(썩은 살 자), 腐(썩을 부) |

→ 月: 肥(살찔 비), 脚(다리 각)

| 艸(풀 초): 芔(풀 훼), 芻(꼴 추) |

→ 艹: 草(풀 초), 茶(차 다)

衣(옷 의): 衾(이불 금), 裔(후손 예), 製(지을 제)

  → 衤: 補(기울 보), 裙(치마 군)

足(발 족): 蹇(절 건), 蹙(움츠러들 축)

  → 𧾷 : 路(길 로), 踐(밟을 천)

辶(쉬엄쉬엄 갈 착)

  → 辶: 近(가까울 근), 通(통할 통)

邑(고을 읍): 邕(화목할 옹)

  → 阝: 邦(나라 방), 都(도읍 도)

阜(언덕 부)

  → 阝: 防(막을 방), 陵(큰 언덕 릉)

食(먹을 식, 밥 사): 饗(잔치할 향), 饜(포식할 염)

  → 飠(食): 飢(주릴 기), 飮(마실 음)

마. 부수(部首)의 명칭(名稱)

1획		
一	한일	
丨	뚫을곤	
丶	점주	
丿	삐침별	
乙	새을(乚)	
亅	갈고리궐	

2획		
二	두이	
亠	돼지해머리	
人	사람인	
亻	사람인변	
儿	어진사람인발	
入	들입	
八	여덟팔	
冂	멀경몸	
冖	민갓머리	
冫	이수변	
几	안석궤	
凵	위튼입구몸	
刀	칼도	
刂	선칼도방	
力	힘력	
勹	쌀포몸	

匕 비수비
匚 튼입구몸
匸 감출혜몸
十 열십
卜 점복
卩 병부절(㔾)
厂 민엄호
厶 마늘모
又 또우

3획		
口	입구	
囗	큰입구몸	
土	흙토	
士	선비사	
夂	뒤져올치	
夊	천천히걸을쇠발	
夕	저녁석	
大	큰대	
女	계집녀	
子	아들자	
宀	갓머리	
寸	마디촌	
小	작을소	
尢	절름발이왕(尣·尢)	

尸 주검시엄
屮 왼손좌
山 메산
巛 개미허리(川)
工 장인공
己 몸기
巾 수건건
干 방패간
幺 작을요
广 엄호
廴 민책받침
廾 스물입발
弋 주살익
弓 활궁
彐 튼가로왈(彑·彐)
彡 터럭삼
彳 두인변
忄 심방변
扌 재방변
氵 삼수변
犭 개사슴록변
阝 우부방(右)
阝 좌부변(左)

4획

心	마음심(忄)
戈	창과
戶	지게호
手	손수
支	지탱할지
攴	칠복
攵	둥글월문
文	글월문
斗	말두
斤	날근
方	모방
无	없을무
旡	이미기방
日	날일
曰	가로왈
月	달월(月)
月	육달월
木	나무목
欠	하품흠
止	그칠지
歹	죽을사변(歺)
殳	갖은등글월문
毋	말무
比	견줄비
毛	터럭모
氏	각시씨
气	기운기엄
水	물수(氺)
火	불화
灬	연화발
爪	손톱조(爫)
父	아비부
爻	점괘효
爿	장수장변
片	조각편
牙	어금니아
牛	소우(牜)
犬	개견
王	구슬옥변
礻	보일시변
罒	☞网
耂	늙을로엄
艸	초두머리
辶	책받침
疒	병질엄
癶	필발머리
白	흰백
皮	가죽피
皿	그릇명
目	눈목(罒)
矛	창모
矢	화살시
石	돌석
示	보일시
禸	짐승발자국유
禾	벼화
穴	구멍혈
立	설립
氺	☞水
罒	☞网
衤	옷의변

5획

玄	검을현
玉	구슬옥
瓜	외과
瓦	기와와
甘	달감
生	날생
用	쓸용
田	밭전
疋	필필

6획

竹	대죽(⺮)
米	쌀미
糸	실사
缶	장군부
网	그물망(罒·⺕)
羊	양양(羋)
羽	깃우
老	늙을로
而	말이을이

耒	가래뢰
耳	귀이
聿	오직율
肉	고기육
臣	신하신
自	스스로자
至	이를지
臼	절구구(臼)
舌	혀설
舛	어그러질천
舟	배주
艮	괘이름간
色	빛색
艸	초두
虍	범호엄
虫	벌레훼
血	피혈
行	다닐행
衣	옷의
襾	덮을아(西)

7획

見	볼견
角	뿔각
言	말씀언
谷	골곡
豆	콩두
豕	돼지시

豸	갖은돼지시변
貝	조개패
赤	붉을적
走	달릴주
足	발족(묘)
身	몸신
車	수레거
辛	매울신
辰	별신
辵	갖은책받침
邑	고을읍
酉	닭유
釆	분별할변
里	마을리
臼	☞臼
镸	☞長

8획

金	쇠금
長	길장(镸)
門	문문
阜	언덕부
隶	미칠이
隹	새추
雨	비우
青	푸를청
非	아닐비

9획

面	낯면
革	가죽혁
韋	다룸가죽위
韭	부추구
音	소리음
頁	머리혈
風	바람풍
飛	날비
食	밥식(釒)
首	머리수
香	향기향

10획

馬	말마
骨	뼈골
高	높을고
髟	터럭발
鬥	싸울투
鬯	울창주창
鬲	다리굽은솥력
鬼	귀신귀

11획

魚	물고기어
鳥	새조
鹵	짠땅로

鹿　　사슴록
麥　　보리맥
麻　　삼마

12획

黃　　누를황
黍　　기장서
黑　　검을흑
黹　　바느질할치

13획

黽　　맹꽁이맹
鼎　　솥정
鼓　　북고
鼠　　쥐서

14획

鼻　　코비
齊　　가지런할제

15획

齒　　이치

16획

龍　　용룡
龜　　거북귀

17획

龠　　피리약

4. 한자의 필순

한자를 쓸 때 획을 긋는 순서를 가리켜 '필순(筆順)'이라고 한다. 필순은 한자를 짜임새 있고 편리하게 쓰기 위해 합리적인 순서를 정해 놓은 것이다. 그런데 이 필순은 개인이나 국가 또는 서체(書體)에 따라 조금씩 달라지는 경우가 있기 때문에 필순의 대원칙만 알고, 지나치게 이를 강조할 필요는 없다. 다음은 우리나라에서 일반적으로 쓰이고 있는 필순의 원칙 몇 가지이다.

① 위에서부터 아래로 써 내려간다.

三(셋 삼): ㄧ ニ 三

② 왼쪽에서 오른쪽으로 써 나간다.

川(내 천): 丿 刀 川

③ 가로획을 먼저 쓰고 세로획은 나중에 쓴다.

末(끝 말): ㄧ ニ 末

④ 좌우 모양이 대칭인 글자는 가운데 획을 먼저 긋고 왼쪽과 오른쪽 획의 순서로 쓴다.

小(작을 소): 亅 小 小

⑤ 가로나 세로로 글자 전체를 꿰뚫는 획은 가장 나중에 쓴다.

•세로로 꿰뚫는 획의 경우: 中(가운데 중): 丶 口 中

•가로로 꿰뚫는 획의 경우: 女(계집 녀): 乀 女 女

⑥ 삐침(丿)과 파임(乀)이 만날 경우에는 삐침을 먼저 쓰고 파임을 나중에 쓴다.

•人(사람 인): 丿 人

•文(글을 문):

⑦ 몸과 안으로 이루어진 글자는 몸 부분을 먼저 쓰고 안 부분을 나중에
  쓴다.
  •目(눈   목): ㅣ 月 目
  •同(같을 동): 冂 冋 同
⑧ 받침으로 쓰는 글자는 단독글자로 쓰이는 부수는 먼저, 그렇지 않은 부
  수자는 뒤에 쓴다.
  •起(일어날 기): 走 起
  •近(가까울 근): 斤 近
⑨ 오른쪽 위에 있는 점은 가장 나중에 찍는다.
  •代(대신할 대): 亻 代 代
  •犬(개   견): 一 大 犬

제2장   실용한자

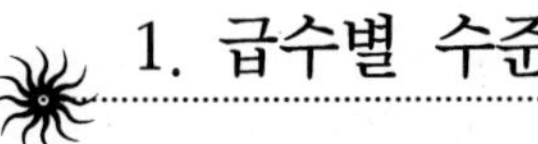

대학생과 일반인을 위한
現代 實用漢字

1. 급수별 수준 한자

6급 이하 수준 한자					
一 한	일	火 불	화	山 메	산
二 두	이	水 물	수	門 문	문
三 석	삼	木 나무	목	小 작을	소
四 넉	사	上 윗	상	人 사람	인
五 다섯	오	中 가운데	중	白 흰	백
六 여섯	육	下 아래	하	江 강	강
七 일곱	칠	父 아버지	부	工 장인	공
八 여덟	팔	母 어머니	모	金 쇠	금
九 아홉	구	王 임금	왕	男 사내	남
十 열	십	子 아들	자	力 힘	력
日 날	일	女 계집	녀	立 설	립
月 달	월	口 입	구	目 눈	목
		土 흙	토	百 일백	백

生 날	생	南 남녘	남	弟 아우	제
石 돌	석	北 북녘	북	夫 지아비	부
手 손	수	方 모	방	少 적을, 젊을	소
心 마음	심	向 향할	향	夕 저녁	석
入 들	입	內 안	내		

自 스스로	자	外 바깥	외	歌 노래	가
足 발	족	同 한가지	동	家 집	가
川 내	천	名 이름	명	間 사이	간
千 일천	천	靑 푸를	청	車 수레	거
天 하늘	천	年 해(＝秊)	년	巾 수건	건
出 날	출	正 바를	정	古 옛	고
兄 맏	형	文 글월	문	空 빌	공
東 동녘	동	主 주인	주	敎 가르칠	교
西 서녘	서	寸 마디	촌	校 학교	교

國 나라	국	老 늙을	로	士 선비	사
軍 군사	군	里 마을	리	事 일	사
今 이제	금	林 수플	림	色 빛	색
記 기록할	기	馬 말	마	先 먼저	선
氣 기운	기	萬 일만	만	姓 성씨	성
己 몸	기	末 끝	말	世 세상	세
農 농사	농	每 매양	매	所 바	소
答 대답	답	面 낯	면	時 때	시
代 대신할	대	問 물을	문	市 저자	시
大 큰	대	物 물건	물	食 밥(밥식)	사
道 길	도	民 백성	민	植 심을	식
洞 골	동	本 근본	본	室 집	실
登 오를	등	不 아니	불	安 편안할	안
來 올	래	分 나눌	분	羊 양	양

語 말씀	어	電 번개	전	孝 효도	효
午 낮	오	前 앞	전	休 쉴	휴
玉 구슬	옥	全 온전할	전	各 각각	각
牛 소	우	祖 할아비	조	感 느낄	감
右 오른쪽	우	左 왼	좌	强 강할	강
位 자리	위	住 살	주	開 열	개
有 있을	유	地 땅	지	去 갈	거
育 기를	육	草 풀	초	犬 개	견
邑 고을	읍	平 평평할	평	見 볼	견
衣 옷	의	學 배울	학	京 서울	경
耳 귀	이	韓 나라이름	한	計 셀	계
字 글자	자	漢 한수	한	界 지경	계
長 긴	장	合 합할	합	苦 괴로울	고
場 마당	장	海 바다	해	高 높을	고

功 공	공	對 대답할	대	李 오얏(자두)	리
共 함께	공	圖 그림	도	利 이로울	리
科 과목	과	度 법도	도	命 목숨	명
果 과실	과	刀 칼	도	明 밝을	명
光 빛	광	讀 읽을	독	毛 털	모
交 사귈	교	冬 겨울	동	無 없을	무
郡 고을	군	童 아이	동	聞 들을	문
近 가까울	근	頭 머리	두	米 쌀	미
根 뿌리	근	等 무리	등	美 아름다울	미
急 급할	급	樂 즐거울	락	朴 순박할	박
多 많을	다	禮 예도	례	反 돌이킬	반
短 짧을	단	路 길	로	半 절반	반
當 마땅할	당	綠 푸를	록	發 필	발
堂 집	당	理 다스릴	리	放 놓을	방

番 차례	번	速 빠를	속	失 잃을	실
別 다를	별	孫 손자	손	愛 사랑	애
病 병	병	樹 나무	수	野 들	야
步 걸음	보	首 머리	수	夜 밤	야
服 옷	복	習 익힐	습	藥 약	약
部 거느릴	부	勝 이길	승	弱 약할	약
死 죽을	사	詩 글	시	陽 볕	양
書 글	서	示 보일	시	洋 큰 바다	양
席 자리	석	始 처음	시	魚 물고기	어
線 줄	선	式 법	식	言 말씀	언
省 살필	성	神 귀신	신	業 일	업
性 성품	성	身 몸	신	永 길	영
成 이룰	성	信 믿을	신	英 꽃부리	영
消 사라질	소	新 새로울	신	勇 날쌜	용

用 쓸	용	作 지을	작	體 몸	체
友 벗	우	章 글	장	村 마을	촌
運 움직일	운	在 있을	재	秋 가을	추
遠 멀	원	才 재주	재	春 봄	춘
原 언덕, 근본	원	田 밭	전	親 친할	친
元 으뜸	원	題 제목	제	太 클	태
油 기름	유	朝 아침(＝晁)	조	通 통할	통
肉 고기	육	族 겨레	족	貝 조개	패
銀 은	은	晝 낮	주	便 편할	편
飮 마실	음	竹 대	죽	表 겉	표
音 소리	음	重 무거울	중	品 물건	품
意 뜻	의	直 곧을	직	風 바람	풍
者 놈	자	窓 창문	창	夏 여름(＝昰)	하
昨 어제	작	淸 맑을	청	行 다닐	행

幸 다행	행	可 옳을	가	曲 굽을	곡
血 피	혈	角 뿔	각	公 공변될	공
形 모양	형	甘 달	감	課 매길	과
號 이름	호	改 고칠	개	過 지날	과
花 꽃	화	個 낱	개	關 관계할, 빗장	관
話 말씀	화	客 손님	객	觀 볼	관
和 화할, 화목할	화	決 결단할	결	廣 넓을	광
活 살	활	結 맺을	결	橋 다리	교
黃 누를	황	輕 가벼울	경	求 구할	구
會 모일	회	敬 공경할	경	君 임금	군
後 뒤	후	季 철	계	貴 귀할	귀
4급 수준 한자		固 굳을	고	極 다할	극
價 값	가	考 상고할	고	給 줄	급
加 더할	가	告 알릴	고	期 기약할	기

技 재주	기	兩 두	량	賣 팔	매
基 터	기	良 어질	량	武 굳셀	무
吉 길할	길	量 헤아릴	량	味 맛	미
念 생각	념	歷 지낼	력	未 아닐	미
能 능할	능	領 옷깃	령	法 법	법
談 말씀	담	令 하여금, 명령할	령	兵 군사	병
待 기다릴	대	例 법식	례	報 갚을	보
德 덕	덕	勞 수고로울	로	福 복	복
都 도읍	도	料 헤아릴	료	奉 받들	봉
島 섬	도	流 흐를	류	富 부자	부
到 이를	도	亡 망할	망	備 갖출	비
動 움직일	동	望 바랄	망	比 견줄	비
落 떨어질	락	買 살	매	貧 가난할	빈
冷 찰	랭	妹 누이동생	매	氷 얼음	빙

仕 벼슬	사	善 착할	선	試 시험	시
思 생각	사	雪 눈	설	識 알	식
師 스승	사	說 말씀	설	臣 신하	신
史 역사	사	星 별	성	實 열매	실
使 하여금	사	城 재	성	氏 성씨	씨
産 낳을	산	誠 정성	성	兒 아이	아
算 셈	산	洗 씻을	세	惡 악할	악
賞 상줄	상	歲 해	세	案 책상, 생각	안
相 서로	상	送 보낼	송	暗 어두울	암
商 장사	상	數 셈	수	約 맺을	약
常 항상	상	守 지킬	수	養 기를	양
序 차례	서	宿 잠잘	숙	漁 고기 잡을	어
船 배	선	順 순할	순	億 억	억
仙 신선	선	視 볼	시	如 같을	여

餘 남을	여	醫 의원	의	傳 전할	전
然 그럴	연	以 써	이	展 펼	전
熱 더울	열	因 인할	인	店 가게	점
葉 잎	엽	姉 맏누이	자	庭 뜰	정
屋 집	옥	再 두	재	情 뜻	정
溫 따뜻할	온	材 재목	재	定 정할	정
完 완전할	완	財 재물	재	調 고를	조
要 구할	요	爭 다툴	쟁	助 도울	조
雨 비	우	低 낮을	저	鳥 새	조
雲 구름	운	貯 쌓을	저	早 이를	조
園 동산	원	的 과녁	적	存 있을	존
願 원할	원	赤 붉을	적	卒 군사	졸
由 말미암을	유	典 법	전	終 마칠	종
義 옳을	의	戰 싸움	전	種 씨	종

罪 허물	죄	責 꾸짖을	책	河 물	하
注 물댈	주	鐵 쇠	철	寒 찰	한
止 그칠	지	初 처음	초	害 해칠	해
志 뜻	지	祝 빌	축	香 향기	향
知 알	지	充 채울	충	許 허락할	허
至 이를	지	忠 충성	충	現 나타날	현
紙 종이	지	致 이를	치	好 좋을	호
支 지탱할	지	他 다를	타	湖 호수	호
進 나아갈	진	打 칠	타	畵 그림	화
眞 참	진	宅 집	택	化 될, 변화할	화
質 바탕	질	統 거느릴	통	患 근심	환
集 모일	집	特 특별할	특	回 돌	회
次 버금	차	敗 패할	패	效 본받을	효
參 참여할(셋 삼)	참	必 반드시	필	訓 가르칠	훈

凶 흉할(＝兇)	흉	慶 경사	경	句 글귀	구
黑 검을	흑	競 다틀	경	舊 옛	구
街 거리	가	耕 밭갈	경	久 오랠	구
假 거짓	가	景 별	경	弓 활	궁
佳 아름다울	가	經 지날, 글	경	權 권세	권
干 방패	간	庚 천간, 별	경	均 고를	균
看 볼	간	溪 시내	계	禁 금할	금
減 덜	감	癸 천간	계	及 미칠	급
甲 껍질, 갑옷	갑	故 연고	고	其 그	기
擧 들	거	谷 골	곡	起 일어날	기
巨 클	거	骨 뼈	골	乃 이에	내
建 세울	건	官 벼슬	관	怒 성낼	노
乾 하늘	건	救 구원할	구	端 바를	단
更 다시	갱	究 궁구할	구	丹 붉을	단

單 홑	단	倫 인륜	륜	伐 칠	벌
達 통달할	달	律 법	률	變 변할	변
徒 무리	도	滿 찰	만	丙 남녘	병
獨 홀로	독	忘 잊을	망	保 지킬	보
斗 말	두	妙 묘할	묘	復 돌아올	복
得 얻을	득	卯 토끼	묘	否 아닐	부
燈 등잔	등	務 힘쓸	무	婦 지어미, 며느리	부
旅 나그네	려	尾 꼬리	미	佛 부처	불
連 이을	련	密 빽빽할	밀	悲 슬플	비
練 익힐	련	飯 밥	반	非 아닐	비
烈 매울, 뜨거울	렬	防 막을	방	鼻 코	비
列 벌일	렬	房 방	방	巳 뱀, 지지	사
論 논할	론	訪 찾을	방	謝 사례할	사
陸 뭍	륙	拜 절	배	私 사사로울	사

絲 실	사	笑 웃을	소	申 펼, 지지	신
寺 절	사	續 이을	속	眼 눈	안
舍 집	사	俗 풍속	속	若 같을, 만약	약
散 흩어질	산	松 소나무	송	與 더불, 줄	여
想 생각	상	收 거둘	수	逆 거스를	역
選 가릴	선	修 닦을	수	研 갈	연
鮮 고울	선	受 받을	수	榮 영화	영
舌 혀	설	授 줄	수	藝 재주	예
聖 성스러울	성	純 순할	순	誤 그릇될	오
盛 성할	성	戌 개, 지지	술	往 갈	왕
聲 소리	성	拾 주울	습	浴 목욕할	욕
細 가늘	세	承 이을	승	容 얼굴	용
勢 권세	세	是 옳을	시	遇 만날	우
稅 세금	세	辛 매울	신	雄 수컷	웅

危 위태할	위	印 도장	인	製 지을	제
偉 클	위	寅 범	인	兆 조	조
爲 할	위	認 알	인	造 지을	조
遺 남길	유	壬 천간, 북방	임	尊 높을	존
酉 닭, 지지	유	將 장수	장	坐 앉을	좌
恩 은혜	은	適 맞을	적	走 달릴	주
乙 새	을	節 마디	절	朱 붉을	주
陰 그늘	음	接 이을	접	衆 무리	중
應 응할	응	停 머무를	정	增 더할	증
依 의지할	의	井 우물	정	持 가질	지
異 다를	이	精 정기	정	指 손가락	지
移 옮길	이	政 정사	정	辰 별, 지지	진
益 더할	익	除 덜	제	着 붙을	착
引 끌	인	祭 제사	제	察 살필	찰

唱 부를	창	探 찾을	탐	戶 지게문	호
冊 책	책	退 물러날	퇴	婚 혼인할	혼
處 곳, 살	처	波 물결	파	貨 재화	화
聽 들을	청	判 판단할	판	興 일어날	흥
請 청할	청	片 조각	편	希 바랄	희
最 가장	최	布 베, 펼	포	**3급 수준 한자**	
蟲 벌레	충	暴 사나울	포	暇 겨를	가
取 가질	취	筆 붓	필	架 시렁	가
治 다스릴	치	限 한정	한	覺 깨달을	각
齒 이	치	解 풀	해	脚 다리	각
則 법칙	칙	鄕 시골, 마을	향	刻 새길	각
針 바늘 ,침(= 鍼)	침	協 도을	협	姦 간사할	간
快 쾌할	쾌	惠 은혜	혜	刊 책 펴낼	간
脫 벗을	탈	呼 부를	호	渴 목마를	갈

敢 감히	감	檢 검사할	검	境 지경	경
監 볼	감	儉 검소할	검	戒 경계할	계
鋼 강철	강	劍 칼	검	械 기계	계
降 내릴	강	格 격식	격	鷄 닭	계
講 익힐	강	激 부딪칠	격	係 맬	계
康 편안할	강	堅 굳을	견	契 맺을	계
介 끼일	개	潔 깨끗할	결	階 섬돌	계
皆 다	개	缺 이지러질	결	系 이어 맬	계
距 떨어질	거	兼 겸할	겸	繼 이을	계
拒 막을	거	鏡 거울	경	庫 곳집	고
居 살	거	警 경계할	경	姑 시어미	고
建 건강할	건	硬 굳을	경	孤 외로울	고
件 사건	건	傾 기울	경	稿 원고, 볏짚	고
傑 뛰어날, 사람이름	걸	驚 놀랄	경	穀 곡식	곡

困 곤할	곤	區 나눌	구	克 이길	극
坤 땅	곤	構 얽을	구	斤 도끼, 근	근
恭 공손	공	苟 진실로	구	勤 부지런할	근
孔 구멍	공	局 판	국	謹 삼갈	근
貢 바칠	공	群 무리	군	級 등급	급
供 이바지할	공	窮 다할	궁	畿 경기	기
攻 칠	공	宮 집	궁	器 그릇	기
冠 갓	관	勸 권할	권	旗 기	기
貫 꿸	관	券 문서	권	奇 기이할	기
管 대롱	관	拳 주먹	권	企 꾀할, 바랄	기
慣 버릇	관	卷 책	권	幾 몇	기
較 견줄	교	歸 돌아갈	귀	機 베틀, 기계	기
具 갖출	구	規 법	규	紀 벼리	기
球 공	구	菌 버섯	균	寄 부칠	기

祈 빌	기	團 둥글, 모일	단	督 감독할	독
欺 속일	기	壇 제단	단	毒 독	독
旣 이미	기	段 층계, 조각	단	豚 돼지	돈
暖 따뜻할(＝煖)	난	淡 맑을	담	突 갑자기, 부딪칠	돌
難 어려울	난	擔 멜	담	銅 구리	동
納 들일	납	畓 논	답	豆 콩	두
娘 아가씨	낭	黨 무리	당	羅 벌릴, 비단	라
耐 견딜	내	帶 띠	대	卵 알	란
奴 종	노	隊 무리	대	亂 어지러울	란
努 힘쓸	노	貸 빌릴	대	覽 볼	람
腦 뇌	뇌	倒 넘어질	도	浪 물결	랑
茶 차	다	逃 달아날	도	郎 사내	랑
斷 끊을	단	盜 도둑	도	略 간략할	략
但 다만	단	導 인도할	도	凉 서늘할	량

糧 양식	량	輪 바퀴	륜	盂 맏	맹
慮 생각	려	栗 밤	률	盟 맹세	맹
戀 사모할	련	離 떠날	리	盲 소경	맹
蓮 연꽃	련	履 밟을, 신	리	免 면할	면
聯 잇닿을	련	梨 배	리	眠 잠잘	면
嶺 고개	령	吏 아전	리	勉 힘쓸	면
露 이슬	로	臨 임할	림	銘 새길	명
錄 기록할	록	麻 삼	마	鳴 울	명
鹿 사슴	록	莫 없을	막	慕 모을	모
了 마칠	료	晩 늦을	만	模 법, 본뜰	모
龍 용	룡	妄 망령될	망	慕 사모할	모
留 머무를	류	忙 바쁠	망	某 아무	모
類 무리	류	梅 매화	매	暮 저물	모
柳 버들	류	麥 보리	맥	牧 칠	목

睦 화목할	목	髮 터럭	발	壁 벽	벽
墓 무덤	묘	芳 꽃다울	방	邊 가	변
茂 무성할	무	邦 나라이름	방	辯 말 잘할	변
貿 무역할	무	妨 해로울	방	補 기울, 도울	보
戊 천간	무	倍 갑절	배	普 넓을	보
舞 춤출	무	背 등	배	寶 보배	보
墨 먹	묵	輩 무리	배	譜 족보	보
勿 말	물	杯 잔	배	複 겹칠	복
敏 재빠를	민	配 짝	배	腹 배	복
博 넓을	박	繁 번성할	번	伏 엎드릴	복
薄 엷을	박	罰 벌할	벌	卜 점	복
班 나눌	반	凡 무릇	범	逢 만날	봉
返 돌아올	반	犯 범할	범	峰 봉우리	봉
般 일반, 돌	반	範 법	범	府 관청	부

扶	도을	부	費	쓸	비	傷	상할	상
浮	뜰	부	司	맡을	사	霜	서리	상
副	버금	부	社	모일	사	尚	오히려, 높을	상
付	부칠	부	捨	버릴	사	喪	초상, 잃을	상
負	질	부	寫	베낄, 쓸	사	象	코끼리	상
粉	가루	분	詐	속일	사	床	평상(＝牀)	상
奔	달릴	분	射	쏠	사	像	형상	상
紛	어지러울	분	斯	이	사	索	찾을	색
拂	떨	불	祀	제사	사	署	관청	서
朋	벗	붕	査	조사할	사	暑	더울	서
飛	날	비	殺	죽일	살	庶	여러	서
批	비평할	비	償	갚을	상	恕	용서할	서
肥	살찔	비	狀	모양	상	惜	아낄	석
祕	숨길	비	祥	상서로울	상	昔	옛	석

宣 베풀	선	須 모름지기	수	施 베풀	시
設 베풀	설	壽 목숨	수	息 숨쉴	식
涉 건널	섭	輸 보낼	수	深 깊을	심
蔬 나물	소	雖 비록	수	甚 심할	심
掃 쓸	소	秀 빼어날	수	我 나	아
素 흴, 본디	소	淑 맑을	숙	雅 바를	아
束 뮤을	속	叔 아재비	숙	亞 버금	아
損 덜	손	熟 익을	숙	餓 주릴	아
頌 기릴	송	巡 순행할	순	岸 언덕	안
訟 송사할	송	旬 열흘	순	顔 얼굴	안
刷 인쇄할	쇄	術 재주	술	巖 바위	암
囚 가둘	수	述 지을	술	央 가운데	앙
愁 근심	수	崇 높일	숭	仰 우러를	앙
誰 누구	수	乘 탈	승	涯 물가	애

哀 슬플	애	驛 역마	역	泳 헤엄칠	영
額 이마	액	域 지경	역	銳 날카로울	예
也 어조사	야	延 끌	연	烏 까마귀	오
揚 떨칠	양	鉛 납	연	吾 나	오
樣 모양	양	沿 물 따라 내려갈	연	瓦 기와	와
讓 사양할	양	煙 연기	연	臥 누울	와
壤 흙	양	緣 인연	연	曰 가로	왈
於 어조사	어	宴 잔치	연	謠 노래	요
憶 생각할	억	演 펼, 멀리 흐를	연	辱 욕될	욕
嚴 엄할	엄	悅 기쁠	열	慾 욕심	욕
余 나	여	炎 불꽃	염	欲 하고자할	욕
汝 너	여	營 경영할	영	憂 근심	우
亦 또	역	迎 맞이할	영	羽 깃	우
役 부릴	역	映 비칠	영	優 넉넉할	우

尤 더욱	우	委 맡길	위	吟 읊을	음
又 또	우	胃 밥통	위	泣 울	읍
愚 어리석을	우	威 위엄	위	儀 거동	의
于 어조사	우	衛 지킬	위	宜 마땅	의
郵 우편	우	猶 같을, 오히려	유	矣 어조사	의
宇 집	우	裕 넉넉할	유	議 의논할	의
云 이를	운	遊 놀	유	疑 의심할	의
援 구원할	원	悠 멀	유	而 말 이을	이
源 근원	원	維 벼리	유	易 쉬울	이
圓 둥글	원	柔 부드러울	유	已 이미	이
怨 원망할	원	儒 선비	유	仁 어질	인
員 인원	원	幼 어릴	유	忍 참을	인
院 집	원	唯 오직, 허락할	유	姻 혼인할	인
圍 둘레	위	乳 젖	유	逸 편안	일

任 맡길	임	栽 심을	재	點 점	점
姿 맵시	자	哉 어조사	재	占 점칠	점
慈 사랑	자	災 재앙	재	整 가지런할	정
資 재물	자	抵 거스를, 막을	저	靜 고요할	정
殘 남을	잔	著 나타날	저	貞 곧을	정
雜 섞일	잡	底 밑	저	淨 깨끗할	정
獎 권면할	장	績 길쌈, 공	적	訂 바로잡을	정
裝 꾸밀	장	賊 도득	적	丁 장정, 천간	정
障 막을	장	籍 문서	적	頂 정수리, 꼭대기	정
張 베풀	장	積 쌓을	적	亭 정자	정
壯 씩씩할	장	轉 구를	전	廷 조정	정
丈 어른	장	錢 돈	전	征 칠, 갈	정
腸 창자	장	專 오로지	전	齊 가지런할	제
帳 휘장	장	絕 끊을	절	濟 건널	제

提 끌	제	鐘 쇠북	종	證 증거	증
堤 득	제	從 좇을	종	症 증세	증
制 마를, 법도	제	座 자리	좌	枝 가지	지
諸 모든	제	州 고을	주	之 갈	지
際 사이, 때	제	株 그루	주	誌 기록할	지
帝 임금	제	柱 기둥	주	只 다만	지
照 비칠	조	周 두루	주	池 못	지
操 잡을	조	舟 배	주	智 지혜	지
條 조목, 가지	조	酒 술	주	職 벼슬, 직분	직
弔 조상할	조	宙 집	주	織 짤	직
租 조세	조	準 법도	준	陳 늘어놓을	진
潮 조수	조	俊 준걸	준	盡 다할	진
組 짤	조	卽 곧	즉	珍 보배	진
宗 마루	종	曾 일찍	증	鎭 진압할	진

陣 진칠	진	採 캘	채	礎 주춧돌	초
姪 조카	질	策 꾀	책	總 거느릴, 다	총
秩 차례	질	妻 아내	처	聰 귀 밝을	총
執 잡을	집	拓 넓힐	척	推 가릴	추
且 또	차	尺 자	척	追 쫓을	추
借 빌릴	차	踐 밟을	천	丑 소	축
差 어긋날	차	泉 샘	천	築 쌓을	축
此 이	차	淺 얕을	천	就 나아갈	취
贊 도을	찬	賤 천할	천	吹 불	취
倉 곳집	창	哲 밝을	철	側 곁	측
創 비롯할	창	妾 첩	첩	測 헤아릴	측
昌 창성할	창	晴 갤	청	層 층	층
菜 나물	채	超 넘을	초	値 값, 만날	치
債 빚	채	招 부를	초	置 둘	치

恥 부끄러울	치	討 칠	토	浦 물가	포
浸 적실	침	吐 토할	토	包 쌀	포
侵 침노할	침	痛 아플	통	抱 안을	포
稱 일컬을	칭	投 던질	투	捕 잡을	포
妥 평온할	타	鬪 싸울	투	胞 태보	포
卓 높을	탁	破 깨뜨릴	파	爆 터질	폭
濯 씻을	탁	派 물갈래	파	票 표, 쪽지	표
炭 숯	탄	板 널빤지	판	豊 풍년	풍
歎 탄식할	탄	版 판목	판	皮 가죽	피
彈 탄알	탄	販 팔	판	被 입을	피
塔 탑	탑	篇 책	편	彼 저	피
態 모양	태	評 평론할	평	疲 피곤할	피
泰 클	태	閉 닫을	폐	避 피할	피
擇 가릴	택	肺 허파	폐	匹 짝	필

何	어찌	하	憲	법	헌	弘	클	홍
賀	하례할	하	驗	시험	험	華	빛날	화
閑	한가할, 문지방	한	險	험할	험	確	굳을	확
恨	한할	한	革	가죽	혁	環	고리	환
咸	다	함	賢	어질	현	歡	기쁠	환
抗	겨룰	항	絃	줄	현	丸	알	환
項	목	항	刑	형벌	형	皇	임금	황
航	배	항	亨	형통할	형	悔	뉘우칠	회
港	항구	항	虎	범	호	劃	그을	획
恒	항상	항	乎	어조사	호	候	기후	후
亥	돼지	해	或	혹	혹	厚	두터울(＝垕)	후
享	누릴	향	混	섞을	혼	揮	휘두를	휘
響	소리	향	昏	저물	혼	胸	가슴	흉
虛	빌	허	紅	붉을	홍	吸	숨 들이쉴	흡

喜 기쁠	희	葛 칡	갈	蓋 덮을	개
		鑑 거울	감	慨 슬퍼할	개
賈 성(장사고)	가	憾 한할	감	坑 구덩이	갱
嘉 아름다울	가	鉀 갑옷	갑	據 의거할	거
伽 절	가	岬 산허리	갑	鍵 열쇠	건
閣 누각	각	剛 굳셀	강	乞 빌	걸
却 물리칠	각	綱 벼리	강	劫 위협할	겁
珏 쌍옥	각	腔 빈속	강	揭 높이들	게
肝 간	간	姜 성	강	憩 쉴	게
諫 간할	간	岡 언덕(＝崗)	강	隔 막힐	격
簡 대쪽, 간략할	간	疆 지경	강	擊 칠	격
奸 범할, 간사할	간	凱 개선할, 즐길	개	牽 끌	견
懇 정성, 간절할	간	箇 낱	개	遣 보낼	견
幹 줄기	간	概 대개	개	絹 비단	견

肩 어깨	견	膏 기름	고	款 정성, 조목	관
訣 이별할, 비결	결	顧 돌아볼	고	館 집, 객사	관
謙 겸손할	겸	枯 마를	고	狂 미칠	광
竟 마침내	경	鼓 북	고	鑛 쇳돌	광
卿 벼슬	경	雇 품팔이	고	掛 걸	괘
瓊 붉을 옥	경	哭 울	곡	卦 점괘	괘
炅 빛날	경	恐 두려울	공	怪 기이할	괴
璟 옥빛	경	菓 과자, 과실	과	傀 꼭두각시	괴
頃 이랑, 잠깐	경	瓜 오이	과	壞 무너질	괴
徑 지름길	경	誇 자랑할	과	愧 부끄러울	괴
桂 계수나무	계	寡 적을	과	塊 흙덩이	괴
繫 얽어맬	계	戈 창	과	僑 객지에 살	교
啓 열	계	郭 성곽	곽	巧 공교할	교
屆 이를, 극진할	계	寬 너그러울	관	狡 교활할	교

郊 들	교	仇 원수	구	龜 거북	귀
絞 목맬	교	拘 잡을	구	鬼 귀신	귀
矯 바로잡을	교	嘔 토할	구	奎 별이름	규
膠 아교	교	俱 함께	구	叫 부르짖을	규
鷗 갈매기	구	菊 국화	국	糾 살필	규
狗 개	구	鞠 기를	국	珪 서옥	규
懼 두려울	구	窟 굴(=堀)	굴	閨 안방	규
邱 땅이름, 언덕	구	屈 굽힐	굴	揆 헤아릴	규
灸 뜸	구	掘 팔	굴	圭 홀	규
驅 몰	구	倦 게으를	권	劇 심할	극
鳩 비들기	구	圈 둘레	권	僅 겨우	근
購 살	구	厥 그	궐	瑾 구슬	근
丘 언덕(=坵)	구	闕 집	궐	槿 무궁화	근
玖 옥돌	구	軌 굴대	궤	筋 힘줄	근

禽 새	금	豈 어찌	기	泥 진흙	니
琴 거문고	금	琪 옥	기	溺 빠질	닉
錦 비단	금	琦 옥이름	기	匿 숨을	닉
兢 삼갈	긍	飢 주릴(=饑)	기	鍛 단련할	단
矜 자랑할	긍	騏 준마	기	檀 박달나무	단
肯 즐길	긍	緊 굳게 얽을	긴	旦 아침	단
岐 갈림길	기	那 어찌	나	撻 매질할	달
麒 기린	기	諾 허락할	낙	毯 담요	담
忌 꺼릴	기	奈 어찌	내	潭 못	담
耆 늙을	기	寧 편안할	녕	膽 쓸개	담
騎 말 탈	기	濃 짙을	농	踏 밟을	답
汽 물 끓는 김	기	惱 괴로워할	뇌	唐 당나라	당
棋 바둑	기	尿 오줌	뇨	塘 못	당
棄 버릴	기	尼 여승	니	糖 엿	당

臺	대	대	陶	질그릇	도	裸	벌거벗을	라
戴	일	대	萄	포도	도	洛	강이름	락
袋	자루	대	篤	도타울	독	絡	맥락, 얽힐	락
坮	터	대	敦	도타울	돈	欄	난간	란
渡	건널	도	頓	조아릴	돈	蘭	난초	란
途	길	도	棟	마룻대	동	爛	빛날	란
挑	돋을	도	凍	얼	동	剌	어그러질	랄
跳	뛸	도	桐	오동나무	동	濫	넘칠	람
塗	바를, 진흙	도	杜	막을	두	藍	쪽	람
稻	벼	도	屯	모일	둔	拉	꺾을, 끌고갈	랍
桃	복숭아	도	鈍	무딜	둔	朗	밝을	랑
燾	비출, 덮을	도	藤	등나무	등	廊	행랑	랑
禱	빌	도	謄	베낄	등	萊	명아주	래
悼	슬퍼할	도	騰	오를	등	掠	노략질할	략

梁 들보(=樑)	량	廉 청렴할	렴	弄 희롱	롱
亮 밝을	량	獵 사냥할	렵	賂 뇌물 줄	뢰
諒 살필, 믿을	량	齡 나이	령	雷 우레	뢰
麗 고을	려	零 떨어질	령	賴 힘입을	뢰
廬 오두막집	려	靈 신령	령	僚 동료	료
呂 음률, 등뼈	려	玲 옥 소리	령	療 병 고칠	료
侶 짝	려	隷 종	례	淚 눈물	루
勵 힘쓸	려	蘆 갈대	로	樓 다락	루
曆 책력	력	魯 노나라	로	漏 샐	루
煉 달굴	련	盧 목로, 검을	로	累 여러, 묶을	루
憐 불쌍할	련	虜 사로잡을	로	屢 자주	루
鍊 쇠불릴	련	爐 화로	로	謬 그릇될	류
劣 못할	렬	祿 녹	록	劉 죽일, 성	류
裂 찢을	렬	籠 새장	롱	率 비율	률

隆 높을	룽	灣 물굽이	만	猛 사나울	맹
陵 언덕	릉	漫 물 질펀할	만	覓 찾을	멱
裏 속(＝裡)	리	瞞 속일	만	綿 솜	면
隣 이웃	린	蠻 오랑캐	만	滅 멸망할	멸
粒 낟알	립	娩 해산할	만	蔑 업신여길	멸
磨 갈	마	網 그물	망	冥 어두울	명
魔 마귀	마	茫 망망할	망	謨 꾀	모
摩 문지를	마	罔 없을	망	謀 꾀할	모
痲 저릴, 홍역	마	枚 낱, 줄기	매	茅 띠	모
寞 고요할	막	埋 묻을	매	貌 모양	모
漠 사막	막	昧 어두울	매	帽 모자	모
幕 장막, 군막	막	寐 잠잘	매	冒 무릅쓸	모
膜 흘떼기, 막	막	媒 중매	매	牡 수컷	모
慢 거만할	만	脈 맥	맥	侮 업신여길	모

耗 줄을	모	紊 어지러울	문	舶 큰 배	박
矛 창	모	眉 눈썹	미	迫 핍박할	박
牟 클, 소울	모	迷 미혹할	미	叛 배반할	반
沐 목욕할	목	微 작을	미	盤 소반	반
沒 빠질	몰	旻 가을하늘	민	搬 운반할	반
夢 꿈	몽	悶 민망할	민	伴 짝	반
蒙 어릴	몽	憫 불쌍히 여길	민	拔 뺄	발
廟 사당	묘	閔 성, 근심할	민	傍 곁	방
苗 싹	묘	珉 옥돌(＝瑉)	민	紡 길쌈	방
毋 말	무	玟 옥돌, 옥무늬	민	旁 두루, 곁	방
巫 무당	무	旼 온화할	민	倣 본받을	방
霧 안개	무	蜜 꿀	밀	肪 비계	방
黙 잠잠할	묵	泊 배댈	박	厖 클	방
汶 물이름	문	拍 칠	박	謗 헐뜯을	방

俳 광대	배	僻 후미질	벽	封 봉할	봉
排 물리칠	배	弁 고깔	변	鳳 봉황새	봉
賠 배상할	배	辨 분별할(＝釆)	변	釜 가마	부
培 북돋을	배	卞 성	변	賦 구실	부
裵 성	배	竝 나란히 할	병	赴 다다를	부
魄 넋	백	屛 병풍	병	簿 문서	부
伯 맏	백	炳 자루	병	訃 부고	부
帛 비단	백	秉 잡을	병	符 부신	부
柏 잣나무	백	輔 도울	보	賻 부의	부
飜 뒤칠, 나부낄	번	甫 클	보	附 붙을	부
煩 번거로울	번	覆 덮을	복	膚 살갗	부
閥 문벌	벌	縫 꿰맬	봉	腐 썩을	부
汎 뜰	범	俸 녹, 봉급	봉	剖 쪼갤	부
碧 푸를	벽	蜂 벌	봉	盆 동이	분

奮	떨칠	분	賓	손님	빈	徙	옮길	사
墳	무덤	분	頻	자주	빈	赦	용서할	사
憤	분할	분	聘	부를	빙	賜	줄	사
噴	뿜을	분	邪	간사할	사	削	깎을	삭
弗	아니	불	似	같을	사	朔	초하루	삭
崩	무너질	붕	詞	말	사	酸	실	산
婢	계집종	비	辭	말씀	사	傘	우산	산
卑	낮을	비	飼	먹일	사	撒	뿌릴	살
匪	도둑	비	沙	모래(= 砂)	사	森	빽빽할	삼
毖	도울	비	蛇	뱀	사	蔘	삼	삼
碑	비석	비	唆	부추길	사	插	꽂을	삽
匕	비수	비	斜	비낄	사	嘗	맛볼	상
妃	왕비, 짝	비	祠	사당	사	桑	뽕나무	상
彬	빛날	빈	奢	사치할	사	箱	상자	상

詳 자세할　　　　　　상　｜　釋 풀　　　　　　　석　｜　昭 밝을　　　　　　소

裳 치마　　　　　　　상　｜　禪 고요할　　　　선　｜　召 부를　　　　　　소

塞 변방　　　　　　　새　｜　繕 기울　　　　　선　｜　燒 불사를　　　　소

逝 갈　　　　　　　　서　｜　旋 돌　　　　　　선　｜　巢 새집　　　　　　소

誓 맹세할　　　　　서　｜　膳 반찬　　　　　선　｜　騷 시끄러울　　소

瑞 상서로울　　　서　｜　薛 성　　　　　　설　｜　紹 이을　　　　　　소

緒 실마리　　　　　서　｜　纖 가늘　　　　　섬　｜　疏 트일, 성길(＝疎)　소

敍 차례, 서술할　서　｜　閃 번쩍할　　　섬　｜　訴 하소연할　　소

徐 천천히　　　　　서　｜　攝 끌어 잡을　섭　｜　屬 무리, 붙일　속

舒 펼　　　　　　　　서　｜　燮 불꽃　　　　　섭　｜　粟 조　　　　　　　속

析 가를　　　　　　석　｜　晟 밝을　　　　　성　｜　遜 겸손할　　　　손

錫 주석　　　　　　석　｜　貰 세낼　　　　　세　｜　宋 송나라　　　　송

碩 클　　　　　　　　석　｜　蘇 깨어날　　　소　｜　誦 욀　　　　　　　송

奭 클(붉을 혁)　석　｜　沼 늪　　　　　　소　｜　碎 부슬　　　　　　쇄

鎖 쇠사슬	쇄	睡 졸	수	荀 풀이름	순
衰 쇠약할	쇠	獸 짐승	수	襲 엄습할	습
需 구할	수	搜 찾을	수	濕 젖을	습
殊 다를	수	孰 누구	숙	升 되	승
垂 드리울	수	肅 엄숙할	숙	昇 오를	승
隨 따를	수	瞬 눈 깜짝할	순	僧 중	승
銖 무게이름	수	循 돌, 좇을	순	侍 모실	시
洙 물이름	수	殉 따라 죽을	순	柴 섶	시
羞 부끄러울	수	盾 방패	순	尸 시동	시
隋 수나라	수	淳 순박할	순	媤 시집	시
戍 수자리	수	舜 순임금	순	屍 주검	시
粹 순수할	수	珣 옥그릇	순	弑 죽일	시
遂 이룰, 드디어	수	脣 입술	순	矢 화살	시
帥 장수	수	筍 죽순	순	飾 꾸밀	식

湜 맑을	식	阿 언덕	아	碍 막을	애
殖 번식할	식	握 잡을	악	隘 좁을	애
迅 빠를	신	岳 큰 산	악	厄 재앙	액
愼 삼갈	신	雁 기러기	안	液 진액	액
晨 새벽	신	晏 늦을	안	耶 어조사	야
娠 아이 밸	신	按 살필	안	惹 이끌	야
腎 콩팥	신	鞍 안장	안	躍 뛸	약
紳 큰 띠	신	斡 돌	알	楊 버들	양
伸 펼	신	謁 뵐, 아뢸	알	孃 아가씨	양
審 살필	심	癌 암	암	禦 막을	어
尋 찾을	심	庵 암자	암	御 어거할	어
雙 쌍	쌍	壓 누를	압	抑 누를	억
芽 싹	아	押 누를, 수결	압	彦 선비	언
牙 어금니	아	殃 재앙	앙	焉 어조사	언

予 나, 즐	여	鹽 소금	염	娛 즐거워할	오
與 수레	여	厭 싫을	염	嗚 탄식할	오
譯 번역할	역	燁 빛날	엽	沃 기름질	옥
疫 염병	역	瑩 귀막이옥	영	鈺 단단한 쇠	옥
淵 못	연	影 그림자	영	獄 옥	옥
捐 버릴	연	詠 읊을	영	翁 늙은이	옹
硯 벼루	연	譽 기릴	예	擁 안을	옹
燃 불탈	연	豫 미리	예	緩 느릴	완
軟 연할	연	預 미리, 맡길	예	汪 넓을	왕
姸 예쁠	연	傲 거만할	오	旺 성할	왕
燕 제비	연	伍 대오	오	倭 왜나라	왜
衍 퍼질	연	汚 더러울	오	畏 두려울	외
閱 볼, 검열할	열	吳 성	오	遙 멀, 거닐	요
染 물들일	염	梧 오동나무	오	曜 빛날	요

耀 빛날(=燿)	요	祐 복	우	僞 거짓	위
姚 예쁠	요	寓 붙여 살	우	渭 물이름	위
妖 요망할	요	偶 짝	우	尉 벼슬이름	위
堯 요임금	요	禹 하우씨	우	緯 씨줄	위
夭 일찍 죽을	요	煜 불꽃 빛날	욱	違 어긋날	위
腰 허리	요	旭 해뜰	욱	慰 위로할	위
搖 흔들	요	韻 운, 운치	운	謂 이를	위
鎔 녹일	용	蔚 고을이름	울	幽 그윽할	유
庸 떳떳할	용	鬱 답답할	울	喩 깨우칠	유
踊 뛸	용	媛 계집	원	誘 꾈	유
溶 질펀히 흐를, 녹일	용	苑 나라동산	원	踰 넘을	유
瑢 패옥 소리	용	袁 성	원	楡 느릅나무	유
傭 품팔이	용	越 넘을	월	愈 더욱, 나을	유
佑 도울	우	韋 가죽	위	惟 생각할	유

兪 성, 그럴	유	姨 이모	이	滋 불을	자
尹 다스릴	윤	伊 저	이	雌 암컷	자
胤 맏아들, 이을	윤	夷 클	이	玆 이	자
銃 병기, 총	윤	怡 화할, 기쁠	이	磁 자석	자
閏 윤달	윤	翼 날개	익	紫 자줏빛	자
潤 윤택할	윤	翌 다음날	익	刺 찌를	자
允 진실로	윤	刃 칼날	인	疵 흠	자
融 녹을, 화할	융	鎰 스물넉 냥	일	酌 따를, 술잔	작
隱 숨을	은	壹 한	일	爵 벼슬	작
垠 언덕	은	姙 아이 밸	임	雀 참새	작
殷 은나라	은	賃 품팔이	임	蠶 누에	잠
淫 음란할	음	炙 고기 구울	자	潛 잠길	잠
凝 엉길	응	諮 물을	자	暫 잠깐	잠
貳 두	이	恣 방자할	자	藏 감출	장

樟 녹나무	장	箸 젓가락	저	艇 거룻배	정
粧 단장할	장	寂 고요할	적	楨 광나무, 근본	정
墻 담	장	摘 딸	적	旌 기	정
璋 반쪽 홀	장	滴 물방울	적	程 길, 법	정
蔣 성씨	장	跡 발자취	적	鄭 나라	정
掌 손바닥	장	蹟 사적, 자취	적	晶 맑을	정
臟 오장	장	迹 자취	적	汀 물가	정
葬 장사 지낼	장	笛 피리	적	町 밭두득	정
莊 장엄할	장	顚 넘어질	전	呈 보일, 드릴	정
匠 장인	장	殿 대궐, 큰 집	전	鼎 솥	정
杖 지팡이	장	折 꺾을	절	珽 옥홀	정
載 실을	재	竊 훔칠	절	偵 정탐할	정
裁 옷 마를	재	漸 점차	점	穽 함정	정
宰 재상	재	蝶 나비	접	劑 약 지을	제

趙 나라	조	洲 물가	주	旨 뜻	지
釣 낚시	조	鑄 부어 만들	주	祉 복	지
措 둘	조	奏 아뢸	주	脂 비계	지
燥 마를	조	註 주낼	주	肢 사지	지
曹 무리, 성(＝曺)	조	週 주일, 돌	주	芝 지초	지
彫 새길	조	埈 가파를(＝陵)	준	址 터(＝阯)	지
爪 손톱	조	峻 높을	준	稙 올벼	직
拙 못날	졸	遵 좇을	준	津 나루	진
綜 모을	종	駿 준마	준	振 떨칠	진
縱 세로	종	仲 버금	중	秦 진나라	진
琮 옥홀	종	憎 미워할	증	震 진동할, 벼락	진
佐 도울	좌	贈 줄	증	診 진찰할	진
珠 구슬	주	蒸 찔	증	塵 티끌	진
駐 머무를	주	遲 더딜	지	窒 막을	질

疾 병	질	斬 벨	참	斥 물리칠	척
輯 모을	집	慙 부끄러워할	참	隻 외짝, 새 한 마리	척
徵 부를	징	慘 참혹할	참	遷 옮길	천
懲 징계할	징	昶 밝을, 해 길	창	薦 천거할	천
叉 깍지 낄	차	彰 빛날	창	撤 거들	철
遮 막을	차	滄 큰 바다	창	澈 물 맑을	철
錯 쉬일	착	蒼 푸를	창	喆 밝을	철
捉 잡을	착	暢 화창할	창	徹 통할	철
讚 기릴	찬	蔡 성, 플떨기	채	添 더할	첨
餐 먹을	찬	埰 채밭	채	尖 뾰족할	첨
燦 빛날	찬	彩 채색	채	諜 염탐할	첩
璨 옥 빛날	찬	采 풍채, 캘	채	廳 청사	청
刹 절	찰	悽 슬플	처	遞 갈마들	체
札 편지, 패	찰	戚 겨레	척	滯 막힐	체

締 맺을	체	寵 사랑	총	衷 정성	충
逮 미칠	체	銃 총	총	衝 찌를, 부딪칠	충
替 바꿀	체	崔 높을	최	臭 냄새	취
肖 닮을	초	催 재촉할	최	炊 불땔	취
哨 망볼	초	趨 달릴	추	醉 술 취할	취
抄 베낄, 노략질할	초	抽 뽑을	추	趣 취미	취
秒 초	초	醜 추할	추	惻 슬퍼할	측
楚 초나라	초	軸 굴대	축	雉 꿩	치
焦 탈	초	畜 기를	축	侈 사치할	치
蜀 나라이름	촉	蓄 모을, 저축할	축	稚 어릴	치
觸 닿을	촉	縮 줄어질	축	勅 칙서	칙
促 재촉할	촉	逐 쫓을	축	漆 옻칠할	칠
燭 촛불	촉	蹴 찰	축	枕 베개	침
叢 떨기	총	沖 깊을	충	沈 잠길	침

寢 잠잘	침	台 별	태	遍 두루	편
墮 떨어질	타	胎 아이 밸	태	編 엮을	편
托 맡길, 밀	탁	殆 위태할	태	鞭 채찍	편
鐸 방울	탁	颱 태풍	태	偏 치우칠	편
託 부탁할	탁	兎 토끼	토	扁 현판	편
琢 쪼을	탁	透 통할	투	坪 들, 평수	평
濁 흐릴	탁	巴 땅이름	파	蔽 덮을	폐
誕 낳을	탄	播 뿌릴	파	幣 폐백	폐
奪 빼앗을	탈	坡 언덕	파	廢 폐할, 버릴	폐
眈 노려볼	탐	頗 자못	파	弊 해질	폐
貪 탐할	탐	把 잡을	파	砲 대포	포
湯 끓을	탕	罷 파할, 마칠	파	抛 던질	포
怠 게으를	태	阪 언덕	판	怖 두려울	포
兌 기쁠, 괘 이름	태	霸 으뜸	패	哺 먹일	포

飽 배부를	포	瑕 티, 흠	하	該 그, 갖출	해
鋪 펼, 점방	포	虐 사나울	학	奚 어찌	해
葡 포도	포	鶴 학	학	核 씨	핵
幅 폭	폭	旱 가물	한	杏 은행, 살구	행
漂 뜰	표	翰 글, 날개	한	獻 드릴	헌
杓 자루	표	汗 땀	한	軒 처마, 수레	헌
豹 표범	표	轄 다스릴, 비녀장	할	赫 붉을, 빛날	혁
標 표할	표	割 벨	할	玄 검을	현
楓 단풍나무	풍	含 머금을	함	峴 고개	현
弼 도울	필	陷 빠질	함	縣 고을	현
畢 마칠	필	艦 싸움배	함	顯 나타날	현
泌 스며 흐를	필	函 함	함	懸 매달	현
乏 다할	핍	巷 거리	항	炫 빛날	현
荷 연꽃, 짐	하	亢 목, 별이름	항	鉉 솥귀	현

弦 활시위	현	浩 넓을	호	忽 갑자기	홀
穴 구멍	혈	晧 밝을	호	鴻 기러기	홍
嫌 싫어할	혐	護 보호할	호	洪 넓을	홍
峽 골짜기	협	祜 복	호	靴 가죽신	화
脅 위협할, 갈빗대	협	互 서로	호	禾 벼	화
狹 좁을	협	胡 오랑캐	호	禍 재앙	화
螢 반딧불	형	昊 하늘	호	穫 거둘	확
炯 빛날	형	壕 해자, 도랑	호	擴 넓힐	확
邢 성, 나라이름	형	豪 호걸	호	桓 굳셀	환
衡 저울	형	鎬 호경, 빛날	호	還 돌아올	환
型 틀, 본보기	형	皓 흴	호	換 바꿀	환
兮 어조사	혜	酷 독할	혹	煥 빛날	환
慧 지혜	혜	惑 미혹할	혹	幻 허깨비	환
毫 가는 털	호	魂 넋	혼	滑 미끄러울	활

荒 거칠	황	侯 제후	후	姬 아씨	희
晃 밝을	황	勳 공	훈	嬉 즐길	희
凰 봉황새	황	熏 연기 낄(＝燻)	훈	噫 탄식할	희
況 하물며	황	薰 향풀, 향내	훈	戲 희롱할	희
賄 뇌물	회	毀 헐	훼	犧 희생	희
廻 돌아올	회	輝 빛날	휘		
淮 물이름	회	携 끌	휴	傢 가구	가
灰 재	회	烋 아름다울	휴	袈 가사	가
懷 품을	회	痕 흉터	흔	駕 가마, 멍에	가(驾)
獲 사로잡을	획	欽 공경할	흠	柯 가지	가
橫 가로	횡	欠 하품	흠	苛 매울	가
曉 새벽	효	稀 드물	희	迦 부처이름	가
喉 목구멍	후	禧 복	희	軻 수레, 사람이름	가(轲)
后 왕후	후	熙 빛날	희	嫁 시집갈	가

稼 심을, 농사	가	碣 비갈	갈	鱇 아귀	강
殼 껍질	각(壳)	鞨 오랑캐	갈	堈 언덕	강
恪 조심할	각	喝 외칠	갈	舡 오나라 배	강
揀 가릴	간(拣)	柑 감귤	감	羌 오랑캐	강
墾 개간할	간(垦)	堪 견딜	감	絳 진홍색	강
艮 괘이름, 그칠	간	瞰 내려다볼	감	襁 포대기	강
侃 굳셀	간	邯 사람이름	감	芥 겨자	개
杆 몽둥이	간	勘 헤아릴	감	塏 높은 땅	개
澗 산골물	간(涧)	匣 갑, 궤	갑	漑 물댈	개
磵 석간수	간	慷 강개할	강	疥 옴	개
艱 어려울	간(艰)	彊 굳셀	강	愷 즐거울	개(恺)
玕 옥돌	간	扛 들	강	价 클	개
竿 장대	간	薑 생강	강(姜)	羹 국	갱
竭 다할	갈	糠 쌀겨	강	遽 갑자기	거

渠 도랑	거	儆 경계할	경	莖 줄기	경(茎)
醵 추렴할	갹/거	磬 경쇠	경	俓 지름길	경
鉅 클	거(钜)	鯨 고래	경	涇 통할	경(泾)
楗 문지방	건	勁 굳셀	경(劲)	絅 홑옷	경
虔 정성	건	倞 굳셀	경	痙 힘줄당길	경(痉)
愆 허물	건	憬 깨달을	경	誡 경계할	계(诫)
桀 이름(夏王)훼	걸	梗 대개	경	稽 상고할	계
怯 겁낼	겁	擎 들	경	磎 시내	계
檄 격문	격	坰 들	경	痼 고질병	고
譴 꾸짖을	견(谴)	頸 목	경(颈)	股 넓적다리	고
鵑 두견이	견(鹃)	暻 밝을	경	袴 바지	고(裤)
甄 질그릇	견	耿 빛날	경	鼓 북, 두드릴	고
抉 도려낼	결	冏 빛날, 창	경	皐 불알, 못	고
鎌 낫	겸	逕 소로	경(迳)	羔 새끼 양	고

皐 언덕	고(皋)
叩 조아릴	고
拷 칠	고
梏 쇠고랑	곡
袞 곤룡포	곤
鯤 곤이	곤(鲲)
昆 맏	곤
棍 몽둥이	곤
崑 산이름	곤
琨 옥돌	곤
控 당길	공
拱 두 손 맞잡을, 팔짱	공
鞏 묶을, 굳을	공(巩)
珙 큰옥	공

串 곶, 땅이름	곶
廓 둘레	곽
藿 콩잎	곽
棺 널	관
罐 두레박	관
灌 물댈	관
瓘 옥이름	관
琯 옥피리	관
括 묶을	괄
壙 광	광(圹)
洸 물 용숫음할	광
匡 바로잡을	광
眖 빛	광
侊 성한모양	광

胱 오줌통	광
珖 옥피리	광
曠 휑할, 넓을	광(旷)
拐 속일	괴
魁 우두머리	괴
槐 홰나무	괴
虢 범발톱자국, 나라이름	괵
轟 수레소리	굉(轰)
宏 클	굉
肱 팔뚝	굉
鉸 가위	교
驕 교만할	교(骄)
喬 높을	교(乔)
嬌 아리따울	교(娇)

攪 어지러울	교(攪)	躬 몸	궁	戟 창, 찌를	극
矩 곱자, 법	구	眷 돌아볼	권	隙 틈	극
枸 구기자	구	蹶 넘어질	궐	漌 맑을	근
銶 끌	구	潰 무너질	궤(潰)	覲 뵈올	근(覲)
柩 널, 관	구	詭 속일	궤(诡)	堇 진흙	근
耈 늙을	구	机 책상	궤	饉 흉년들	근(馑)
寇 도둑	구	窺 엿볼	규	劤 힘셀	근
溝 도랑	구	逵 큰길	규	昑 밝을	금
垢 때	구	葵 해바라기	규	襟 옷깃	금
毆 때릴	구(毆)	眗 밭 일굴	균	衿 옷깃	금
駒 망아지	구(驹)	鈞 서른 근	균(钧)	衾 이불	금
軀 몸	구	橘 감귤나무	귤	扱 다룰	급
舅 시아비	구	棘 멧대추나무	극	汲 물길을	급
咎 허물	구	剋 이길	극	岋 위태할	급

亘 뻗칠, 건널	긍	錡 솥	기	娜 아리따울	나
埼 갑, 산부리	기	嗜 즐길	기	捺 누를	날
圻 경기	기	驥 천리마	기	捏 반죽할	날
杞 구기자나무	기	箕 키	기	湳 강이름	남
伎 기량, 재주	기	玘 패옥	기	楠 녹나무	남
妓 기생	기	璂 피변꾸미개	기	囊 주머니	낭
譏 나무랄	기(讥)	崎 험할	기	柰 능금나무	내
磯 물가 돌	기(矶)	錤 호미	기	恬 편안할	념
沂 물이름	기	佶 건장할	길	侫 아첨할	녕
淇 물이름	기	桔 도라지	길	膿 고름	농(脓)
碁 바둑	기	拮 일할	길	鬧 시끄러울	뇨(闹)
冀 별이름	기	喫 마실	끽(吃)	撓 어지러울, 휘어질	뇨
祺 복	기	懦 나약할	나	紐 맬, 끈	뉴(纽)
綺 비단	기(绮)	挐 붙잡을	나	鈕 인꼭지	뉴(钮)

緞 비단	단(緞)	撞 칠	당	惇 도타울	돈
湍 여울	단	玳 대모	대	墩 돈대	돈
疸 황달	달	岱 대산	대	焞 밝을, 귀갑 지지는 불	돈
痰 가래	담	擡 들	대(抬)	燉 불빛	돈
澹 담박할	담	棹 노	도	暾 아침 해	돈
覃 미칠	담	堵 담	도	乭 이름	돌
譚 이야기	담(譚)	鍍 도금할	도(鍍)	潼 강이름	동
曇 흐릴	담(曇)	蹈 밟을	도	憧 그리워할	동
遝 몰릴	답	荼 씀바귀	도	瞳 눈동자	동
畓 유창할, 논	답	屠 죽일	도	董 바를, 성	동
幢 기	당	搗 찧을	도(搗)	疼 아플	동
鏜 북소리	당(鏜)	濤 큰 물결	도(涛)	仝 한가지	동(同)
螳 사마귀	당	瀆 더럽힐	독(瀆)	枓 두공	두
棠 아가위	당	犢 송아지	독(犢)	痘 천연두	두

遁 달아날 둔	琅 옥이름 랑	漣 잔물결 련
鄧 나라이름 등(邓)	狼 이리 랑	璉 호련 련
懶 게으를 라	崍 산이름 래	洌 맑을 렬
癩 문둥병, 약물중독 라	輛 수레 량(辆)	冽 찰 렬
螺 소라 라	倆 재주 량(俩)	斂 거둘 렴(敛)
珞 구슬목걸이 락	驪 검은 말 려(骊)	濂 물이름 렴
酪 유즙 락	黎 검을 려	簾 발 렴
烙 지질 락	礪 숫돌 려(砺)	鈴 방울 령(铃)
瀾 물결 란(澜)	戾 어그러질 려	怜 영리할 령
瓓 옥무늬 란	閭 이문 려	伶 영리할 령
辣 매울 랄	靂 벼락 력(雳)	囹 옥 령
襤 누더기 람(褴)	轢 삐걱거릴 력(轹)	昤 햇빛 령
籃 바구니 람(篮)	攣 걸릴 련(挛)	醴 단술 례
臘 납향, 섣달 랍(腊)	輦 손수레 련	撈 잡을 로(捞)

鷺 해오라기	로(鷺)	侖 둥글	륜(仑)	悧 영리할	리
麓 산기슭	록	淪 빠질	륜(沦)	籬 울타리	리(篱)
聾 귀머거리	롱(聋)	崙 산이름	륜	琍 유리	리
瀧 비올	롱(泷)	慄 두려울	률	麟 기린	린
瓏 옥 소리	롱(珑)	肋 갈빗대	륵	潾 물 맑을	린
儡 꼭두각시	뢰	凜 찰	름	鱗 비늘	린(鳞)
遼 멀	료(辽)	凌 능가할	릉	吝 아낄	린
褸 남루할	루(褛)	菱 마름	릉	璘 옥빛	린
陋 좁을	루(陋)	楞 모	릉	躪 짓밟을	린(躏)
壘 진	루(垒)	綾 비단	릉	淋 물 뿌릴, 장마	림
琉 유리(=)	류	罹 걸릴, 근심	리	琳 아름다운 옥	림
硫 유황	류	俐 똑똑할	리	霖 장마	림
戮 죽일	륙	痢 설사, 이질	리	笠 삿갓	립
綸 낚싯줄	류(纶)	俚 속될	리	瑪 마노(=碼)	마(玛)

邈 멀	막	罵 욕할	매(骂)	描 그릴	묘
蔓 끌	만	貊 북방종족	맥	錨 닻	묘
挽 당길	만	萌 싹	맹	昴 별이름	묘
蔓 덩굴	만	俛 구부릴	면	畝 밭이랑	무(亩)
卍 만자	만	冕 면류관	면	憮 심심할	무(怃)
沫 거픔	말	棉 목화, 솜	면	鵡 앵무새	무(鹉)
茉 말리	말	沔 물이름	면	撫 어루만질	무(抚)
靺 종족이름	말	麵 밀가루	면	拇 엄지손가락	무
輞 바퀴 테	망	酩 슬 취할	명	珷 옥돌	무
邙 산이름	망	溟 어두울	명	懋 힘쓸	무
莽 우거질	망	摸 찾을	모	蚊 모기	문
邁 갈, 나아갈	매(迈)	穆 화목할	목	刎 목 벨	문
煤 그을음	매	歿 죽을	몰	紋 무늬	문(纹)
魅 매혹할	매	猫 고양이	묘	渼 물놀이	미

한자	뜻·음		한자	뜻·음		한자	뜻·음
彌	미륵, 오랠	미(弥)	珀	호박	박	滂	비 퍼부을	방
嵋	산이름	미	頒	나눌	반	肪	오줌통	방
謎	수수께끼	미(謎)	磐	너럭바위	반	徘	노닐	배
靡	쓰러질	미	畔	두둑	반	陪	도울	배
薇	장미	미	潘	뜨물	반	湃	물결칠	배
愍	근심할	민	礬	반계	반	佰	일백	백
泯	망할	민	渤	바다이름	발	蕃	우거질	번
岷	산이름	민	鉢	바리때	발(鉢)	筏	뗏목	벌
鉑	금박	박(鉑)	勃	발끈할	발	氾	넘칠	범
駁	논박할	박(駁)	跋	밟을	발	帆	돛	범
撲	때릴	박(扑)	潑	활발할	발	泛	뜰	범
縛	묶을	박(縛)	彷	거닐	방	笵	법, 틀	범
剝	벗길	박(剝)	坊	동네	방	范	성, 벌풀	범
璞	옥돌	박	昉	마침	방	璧	둥근 옥	벽

霹 벼락	벽	馥 향기	복	腑 장부	부
闢 열	벽(闢)	鋒 칼끝	봉	溥 펼	부
輧 거마소리	병	棒 몽둥이	봉	敷 펼	부
餠 떡	병	捧 받들	봉	糞 똥	분(糞)
昺 밝을	병	烽 봉화	봉	焚 불사를	분
瓶 병	병	蓬 쑥	봉	忿 성낼	분
倂 아우를	병	琫 칼집장식	봉	雰 안개	분
柄 자루	병(柄)	俯 구부릴(=頫)	부	汾 클	분
潽 물이름	보	斧 도끼	부	芬 향기	분
菩 보리수	보	孚 미쁠	부	鵬 큰 새	붕
堡 작은 성	보	傅 스승	부	鄙 더러울	비
褓 포대기	보	孵 알 깔	부	庇 덮을	비
鰒 전복	복	阜 언덕	부	扉 문짝	비
僕 종, 하인	복(仆)	芙 연꽃	부	緋 비단	비(緋)

譬 비유할	비	憑 기댈	빙	湘 물이름	상
琵 비파	비	裟 가사	사	觴 술잔	상(觴)
枇 비파나무	비	紗 깁	사	爽 시원할	상
毖 삼갈	비	嗣 대 이을	사	牀 평상	상(床)
痺 저릴	비	砂 모래	사	庠 학교	상
脾 지라	비	泗 물이름	사	璽 도장	새(璽)
丕 클	비	肆 방자할	사	穡 거둘	색
臂 팔	비	獅 사자	사	穡 아낄	색
誹 헐뜯을	비(誹)	瀉 쏟을	사(瀉)	甥 생질	생
睥 흘겨볼	비	娑 춤출	사	笙 생황	생
濱 물가	빈(濱)	珊 산호	산	牲 희생	생
斌 빛날	빈	薩 보살	살(薩)	棲 깃들	서
嬪 아내, 궁녀	빈	杉 삼나무	삼	壻 사위(=婿)	서
牝 암컷	빈	翔 날개	상	曙 새벽	서

嶼 작은 섬	서(㠘)	渲 바림	선	渫 치울	설
惝 지혜	서	羨 부러울	선	殲 다 죽일	섬(歼)
抒 토로할	서	扇 부채	선	蟾 두꺼비	섬
潟 개펄	석	煽 부추길	선	陝 땅이름	섬
晢 밝을	석	腺 샘	선	暹 해 돋을	섬
淅 쌀 일	석	鐥 가래	선	醒 깰	성
蓆 자리	석	琁 옥	선	筬 바디	성
汐 조수	석	璇 옥	선	宬 서고	성
嬋 고을	선	珗 옥돌	선	猩 성성이	성
璿 구슬	선	褻 더러울	설	惺 영리할, 깰	성
瑄 도리옥	선	卨 사람이름	설	珹 옥이름	성
詵 많을	선(詵)	泄 샐	설	逍 거닐	소
蟬 매미	선	洩 샐	설	遡 거스를(＝溯, 訴)	소
銑 무쇠	선(铣)	楔 쐐기	설	搔 긁을	소

邵 높을	소	隧 따를, 길	수	塾 글방	숙
炤 밝을	소	蒐 모을	수	俶 비롯할	숙
卲 성(姓)	소	狩 사냥	수	璹 옥그릇	숙
韶 풍류이름	소	岫 산굴(＝峀)	수	琡 옥이름	숙
霄 하늘	소	竪 세울	수	夙 일찍	숙
嘯 휘파람	소(嘨)	袖 소매	수	馴 길들일	순(馴)
巽 괘이름	손	繡 수놓을	수	詢 물을	순(询)
飧 저녁밥	손	琇 옥돌	수	錞 악기이름	순
淞 강이름	송	讐 원수	수	醇 진한 술	순
悚 두려울	송	穗 이삭	수	洵 참으로	순
灑 물 뿌릴	쇄(洒)	綬 인끈	수(綬)	諄 타이를	순(谆)
釗 쇠	쇠(钊)	瘦 파리할	수	嵩 높을	숭
酬 갚을	수	綏 편안할	수(绥)	膝 무릎	슬
髓 골수	수	嫂 형수	수	蝨 이	슬(虱)

瑟 큰 거문고	슬	薪 섶나무	신	閼 막을	알
繩 노끈	승(绳)	訊 캐물을	신(讯)	軋 삐걱거릴	알(轧)
丞 도을	승	悉 다	실	闇 닫힌 문	암
陞 오를	승	瀋 물이름	심(渖)	菴 풀이름	암
柿 감나무	시	沁 스며들	심	鴨 오리	압(鸭)
恃 믿을	시	什 열사람	십	昂 오를	앙
猜 시기할	시	峨 높을	아	鴦 원앙새	앙
熄 꺼질	식	衙 마을, 관청	아	曖 가릴	애(暧)
拭 닦을	식	訝 맞을	아(讶)	崖 벼랑	애
軾 수레앞턱가로나무 식(轼)		啞 벙어리	아(哑)	艾 쑥	애
寔 이	식	娥 예쁠	아	厓 언덕	애
蝕 좀먹을	식(蚀)	愕 놀랄	악	埃 티끌	애
埴 찰흙	식	堊 백토	악(垩)	腋 겨드랑이	액
莘 긴 모양	신	嶽 큰산	악(岳)	鶯 꾀꼬리	앵

櫻 앵두나무	앵
鸚 앵무새	앵(鹦)
倻 가야	야
冶 불릴	야
爺 아비	야(爷)
佯 거짓	양
襄 도을	양
攘 물리칠	양
釀 술빚을	양
瘍 종기	양(疡)
馭 부릴	어(驭)
圄 옥	어
檍 감탕나무	억
諺 속담	언(谚)

掩 가릴	엄
俺 나	엄
奄 문득, 환관	엄
嶪 높고 험할	업
睪 엿볼	역
暘 해 반짝 날	역
沇 강이름	연
筵 대자리	연
堧 빈터	연
涓 시내	연
娟 예쁠	연
讌 잔치, 모여 이야기할	연
艶 고을	염(艳)
閻 마을	염(阎)

琰 옥갈	염
曄 빛날	엽(晔)
纓 갓끈	영(缨)
嬰 갓난아이	영
潁 강이름	영
瓔 구슬목걸이	영(璎)
楹 기둥	영
塋 무덤	영(茔)
濚 물 흐를	영
鈴 방울소리	영(铃)
煐 빛날	영
瑛 옥빛	영
穎 이삭	영
盈 찰	영

曳	끌	예	蘊	쌓을	온(蘊)	婉	순할	완
叡	밝을(＝睿)	예	穩	편안할	온	頑	완고할	완(顽)
刈	벨	예	媼	할미	온	莞	왕골	완
芮	성(姓)	예	雍	누그러질	옹	腕	팔	완
濊	종족이름	예	甕	독	옹	琬	홀	완
乂	풀벨	예	壅	막힐	옹	玩	희롱할	완
裔	후손	예	邕	화할	옹	枉	굽을	왕
獒	개	오	訛	그릇될	와(訛)	猥	함부로	외
寤	깰	오	渦	소용돌이	와(涡)	窯	가마	요
墺	물가	오	翫	가지고 놀	완	窈	그윽할	요
晤	밝을	오	梡	도마	완	饒	넉넉할	요(饶)
旿	밝을	오	椀	도마, 주발	완	僥	바랄	요(侥)
奧	속	오	浣	빨	완	瞭	밝을	요
瑥	사람이름	온	阮	성(姓)	완	寥	쓸쓸할	요

瑤 아름다운 옥	요	玗 옥돌	우	洹 강이름	원
擾 어지러울	요(扰)	芋 토란	우	瑗 구슬	원
凹 오목할	요	瑀 패옥	우	轅 끌채	원(辕)
埔 길 돋을	용	彧 문채	욱	垣 담	원
墉 담	용	頊 삼갈	욱	嫄 사람이름	원
茸 무성할	용	郁 성할	욱	愿 삼갈	원
榕 뱅골보리수	용	昱 햇빛 밝을	욱	猿 원숭이	원
湧 샘솟을	용	耘 김맬	운	鴛 원앙새	원(鸳)
鏞 쇠북	용	暈 무리	운	冤 원통할	원
蓉 연꽃	용	殞 죽을	운	粵 어조사	월
迂 멀	우	澐 큰 물결	운	魏 성, 나라	위
隅 모퉁이	우	芸 향풀	운	瑋 옥이름	위
釪 바리때, 악기이름	우	熊 곰	웅	暐 햇빛	위
虞 염려할	우	沅 강이름	원	褘 향낭, 폐슬	위

浟 강이름	유	濡 젖을	유	倚 의지할	의
庾 곳집	유	愉 즐거울	유	擬 흉내 낼	의(拟)
侑 권할	유	蹂 짓밟을	유	邇 가까울	이(迩)
諭 깨우칠	유(谕)	堉 기름진 땅	육	珥 귀고리	이
猷 꾀할	유	玧 귀막이옥	윤	貽 끼칠	이(贻)
游 놀	유	瀜 물 깊고 넓을	윤	爾 너, 어조사	이(尔)
攸 바	유(攸)	戎 되, 병기	융	弛 늦출	이
瘉 병 나을	유	誾 향기	은	彝 떳떳할	이
瑜 아름다운 옥	유	膺 가슴	응	薏 흰 비름	이
宥 용서할	유	鷹 매	응	翊 도울	익
柚 유자	유	毅 굳셀	의	瀷 물이름	익
臾 잠깐	유	懿 아름다울	의	謚 웃을	익
帷 장막	유	椅 의나무	의	咽 목구멍	인
孺 젖먹이	유	誼 의좋을	의(谊)	溢 넘칠	일

駬 역말	일(駬)	灼 사를	작	沮 막을	저
佾 춤출	일	芍 함박꽃	작	躇 머뭇거릴	저
稔 곡식 익을	임	盞 잔	잔	咀 씹을	저
剩 남을	잉	箴 바늘	잠	邸 큰 집	저
扔 당길	잉	漳 강이름	장	迪 나아갈	적
孕 아이 밸	잉	暲 밝을	장	嫡 정실	적
仍 인할	잉	薔 장미	장(薔)	廛 가게	전
藉 깔개	자	庄 장전, 농막	장	剪 가위	전
咨 물을	자	奘 클	장	甸 경기	전
瓷 사기그릇	자	梓 가래나무	재	悛 고칠	전
煮 삶을	자	縡 일	재	琠 귀막이옥	전
仔 자세할	자	齋 재계할, 공부방	재	箋 글	전
鵲 까치	작(鵲)	錚 쇳소리	쟁(錚)	栓 나무못	전
炸 사를	작	楮 닥나무	저	塡 메울	전(塡)

<table>
<tr><td>奠 바칠</td><td>전</td><td>赬 빛날</td><td>정</td><td>梯 사다리</td><td>제</td></tr>
<tr><td>詮 설명할</td><td>전(诠)</td><td>挺 뺄</td><td>정</td><td>瑅 옥이름</td><td>제</td></tr>
<tr><td>佺 신선이름</td><td>전</td><td>禎 상서로울</td><td>정</td><td>詔 고할</td><td>조(诏)</td></tr>
<tr><td>銓 저울질할</td><td>전(铨)</td><td>鋌 쇳덩이</td><td>정(铤)</td><td>槽 구유, 통</td><td>조</td></tr>
<tr><td>晢 밝을</td><td>절</td><td>酊 술 취할</td><td>정</td><td>棗 대추나무</td><td>조(枣)</td></tr>
<tr><td>粘 끈끈할</td><td>점</td><td>淀 얕은 물</td><td>정</td><td>俎 도마</td><td>조</td></tr>
<tr><td>湞 강이름</td><td>정</td><td>玎 옥 소리</td><td>정</td><td>遭 만날</td><td>조</td></tr>
<tr><td>幀 그림, 족자</td><td>정(帧)</td><td>町 조정할</td><td>정</td><td>眺 바라볼</td><td>조</td></tr>
<tr><td>姃 단정할</td><td>정</td><td>鉦 징</td><td>정(钲)</td><td>祚 복(福)</td><td>조</td></tr>
<tr><td>碇 닻</td><td>정</td><td>霆 천둥소리</td><td>정</td><td>嘲 비웃을</td><td>조</td></tr>
<tr><td>錠 덩이, 신선로</td><td>정(锭)</td><td>靖 편안할</td><td>정</td><td>凋 시들</td><td>조</td></tr>
<tr><td>綎 띠 술</td><td>정</td><td>晸 해 뜨는 모양</td><td>정</td><td>肇 시작할</td><td>조</td></tr>
<tr><td>釘 못</td><td>정(钉)</td><td>悌 공손할</td><td>제</td><td>窕 정숙할</td><td>조</td></tr>
<tr><td>柾 바른 나무</td><td>정</td><td>蹄 굽</td><td>제</td><td>糟 지게미</td><td>조</td></tr>
</table>

淙 물소리	종	呪 빌, 저주할	주	晙 밝을	준
腫 부스럼	종(肿)	炷 심지	주	准 비준	준
倧 상고신인	종	姝 예쁠	주	樽 술통	준
鍾 술잔	종	疇 이랑	주(畴)	儁 준걸	준
踪 자취	종	紂 임금이름	주(纣)	焌 태울	준
棕 종려나무	종	做 지을	주	茁 싹틀	줄
悰 즐길	종	酎 진한 술	주	櫛 빗	즐(栉)
澍 단비	주	冑 투구	주	檝 노	즙
躊 머뭇거릴	주(踌)	浚 깊게 할	준	汁 즙	즙
湊 모일	주(凑)	濬 깊을	준	蜘 거미	지
輳 모일	주	蠢 꿈틀거릴	준	祗 공경할	지
誅 밸	주(诛)	畯 농부	준	咫 길이	지
廚 부엌	주(厨)	竣 마칠	준	沚 물가	지
嗾 부추길	주	儁 모을	준	趾 발가락	지

摯 지극할	지(挚)	斟 술 따를(침)	짐	塹 구덩이	참(堑)
稙 피	직	潗 샘솟을	집	懺 뉘우칠	참(忏)
賑 구휼할	진(赈)	澄 맑을	징	讒 참소할	참(谗)
搢 꽂을	진	磋 갈	차	敞 넓을	창
晉 나아갈	진	蹉 넘어질	차	瘡 부스럼	창(疮)
唇 놀랄	진	嵯 산 우뚝할	차	愴 슬퍼할	창(怆)
縉 삼실	진(缙)	撰 글 지을	찬	菖 창포	창
軫 수레뒤턱나무	진(轸)	鑽 뚫을	찬	廠 헛간	창(厂)
璡 옥돌	진	澯 맑을	찬	寀 녹봉	채
瑨 옥돌	진	纂 모을	찬	綵 비단	채
叱 꾸짖을	질	瓚 옥잔	찬	凄 쓸쓸할	처
跌 넘어질	질	纘 이을	찬	脊 등성마루	척
嫉 미워할	질	粲 정미	찬	剔 뼈 바를	척
瓆 사람이름	질	擦 비빌	찰	滌 씻을	척(涤)

陟 오를	척	帖 표제	첩	瑃 옥이름	춘
瘠 파리할	척	諦 살필	체(諦)	椿 참죽나무	춘
阡 두렁	천	樵 나무할	초	黜 물리칠	출
仟 일천	천	醮 초례	초	珫 귀고리	충
釧 팔찌	천(釧)	蕉 파초	초	萃 모을	췌
綴 묶을	철(綴)	囑 부탁할	촉(囑)	聚 모을	취
轍 바퀴자국	철(轍)	塚 무덤	총	翠 비취	취
凸 뾰족할	철	楸 가래나무	추	脆 연할	취
僉 다	첨(僉)	墜 떨어질	추	娶 장가들	취
瞻 볼	첨	錐 송곳	추(錐)	仄 기울	측
諂 아첨할	첨(諂)	錘 저울	추(錘)	馳 달릴	치
籤 제비	첨	樞 지도리	추(樞)	熾 성할	치
捷 이길	첩	鄒 추나라	추(鄒)	癡 어리석을	치
牒 편지	첩	竺 대나무	축	峙 언덕	치

琛 보배	침	嘆 탄식할	탄	杷 비파나무	파
蟄 숨을	칩	坦 평평할	탄	芭 파초	파
秤 저울	칭	耽 즐길	탐	婆 할미	파
惰 게으를	타	蕩 쓸어버릴	탕(荡)	沛 늪	패
楕 길쭉할	타	邰 나라이름	태	浿 물이름	패
咤 꾸짖을	타	跆 밟을	태	佩 찰	패
唾 침	타	汰 씻을	태	牌 패	패
踔 밟을	탁	苔 이끼	태	澎 물결 부딪칠	팽
擢 뽑을	탁	撑 버틸	탱	烹 삶을	팽
琸 사람이름	탁	桶 통	통	彭 성(姓)	팽
侼 클	탁	堆 쌓을	퇴	枰 바둑판	평
憚 꺼릴	탄	套 덮개	투	陛 섬돌	폐
呑 삼킬	탄	妬 투기할	투	泡 거품	포
灘 여울	탄(灘)	琶 비파	파	褒 기릴	포

한자	뜻	음	한자	뜻	음	한자	뜻	음
鮑	절인어물	포	逼	닥칠	핍	懈	게으를	해
佈	펼	포	霞	노을	하	楷	나무이름	해
輻	바퀴살	폭	遐	멀	하	駭	놀랄	해(骇)
瀑	폭포	폭	蝦	새우(=鰕)	하	邂	만날	해
驃	날랠	표	廈	큰집	하	骸	뼈	해
飄	회오리바람	표	壑	골	학	偕	함께	해
稟	여쭐, 받을	품	謔	희롱거릴	학(谑)	諧	화할, 농지거리	해(谐)
馮	성(姓)	풍(冯)	瀚	빨래	한	倖	요행	행
諷	욀	풍(讽)	閒	한가할	한	饗	잔치	향
披	헤칠, 펼칠	피	緘	봉할	함(缄)	珦	향옥	향
疋	짝, 필, 홀	필	涵	젖을	함	墟	빈터	허
珌	칼 장식 옥	필	鹹	짤	함	爀	불빛	혁
苾	향기 날	필	陝	땅이름	합	奕	클	혁
馝	향기로을	필	姮	항아	항	睍	불거질 눈	현

泫 빛날	현	彗 비	혜	弧 활	호
玹 옥빛	현	譓 살필	혜	渾 흐릴	혼(浑)
晛 햇살	현	蹊 지름길	혜	惚 황홀할	홀
挾 낄	협(挟)	頀 구할	호	訌 내분	홍(讧)
浹 두루 미칠	협(浹)	灝 넓을	호	虹 무지개	홍
俠 호협할	협(俠)	淏 맑을	호	泓 물 깊을	홍
荊 가시나무	형	瑚 산호	호	烘 횃불	홍
珩 노리개	형	狐 여우	호	樺 자작나무	화(桦)
熒 등불	형	顥 클	호(顥)	嬅 탐스러울	화
泂 멀(=洞)	형	濩 퍼질	호	驩 기뻐할	환
瀅 물 맑을	형	糊 풀, 모호할	호	喚 부를	환(唤)
馨 향기	형	壺 항아리	호	奐 빛날	환(奂)
蕙 난초	혜	琥 호박	호	鰥 홀아비	환
暳 별 반짝일	혜	濠 호주	호	睆 환할	환

渙 흩어질	환	怳 황홀할	황	鑂 금빛 바랠	훈
紈 흰 비단	환(纨)	誨 가르칠	회	熏 연기에 그을릴	훈
猾 교활할	활	繪 그림	회(绘)	壎 질나발(=塤)	훈
闊 넓을	활(濶)	晦 그믐	회	暄 따뜻할	훤
沆 넓을	황	恢 넓을	회	喧 시끄러울	훤
徨 노닐	황	徊 노닐	회	萱 원추리	훤
惶 두려워할	황	檜 노송나무	회(桧)	彙 무리	휘
煌 빛날	황	澮 붓도랑	회	暉 빛	휘(晖)
簧 생황	황	鐄 종	횡	徽 아름다울	휘
璜 서옥	황	斅 가르칠	효	虧 이지러질	휴
榥 책상	황	滸 강이름	효	譎 속일	휼(谲)
潢 해자	황	驍 날랠	효(骁)	匈 오랑캐	흉
隍 해자	황	嚆 울릴	효	欣 기뻐할	흔
遑 허둥거릴	황	逅 만날	후	昕 아침	흔

炘 화끈거릴	흔	憙 기뻐할	희	熙 빛날	희
屹 산 우뚝 솟을	흘	僖 기쁠(=熹)	희	曦 햇빛	희
恰 마치	흡	晞 마를	희	忷 쉴, 기뻐할	희
洽 윤택할	흡	羲 복희(伏羲)	희	詰 꾸짖을	힐(诘)
翕 합할	흡	熹 빛날	희		

2. 일자다음자(一字多音字)

父	① 아비	부
	② 남자미칭	보
金	① 쇠	금
	② 성	김
內	① 안	내
	② 여관(女官)	나
北	① 북녘	북
	② 달아날	배
車	① 수레	거
	② 수레	차
分	① 나눌	분
	② 푼	푼
不	① 아니	불
	② 아니	부
食	① 밥	사
	② 먹을	식
合	① 합할	합
	② 홉	홉
見	① 볼	견
	② 뵐	현
度	① 법도	도
	② 헤아릴	탁
讀	① 읽을	독
	② 구절	두
洞	① 골	동

	② 꿰뚫을	통
樂	① 즐거울	락
	② 풍류	악
	③ 좋아할	요
省	① 살필	성
	② 덜	생
便	① 편할	편
	② 똥오줌	변
告	① 알릴	고
	② 뵙고청할	곡
說	① 말씀	설
	② 달랠	세
	③ 기쁠	열
數	① 셈	수
	② 자주	삭
	③ 빽빽할	촉
宿	① 잠잘	숙
	② 별자리	수
識	① 알	식
	② 기록할	지
氏	① 성씨	씨
	② 나라이름	지
惡	① 악할	악
	② 미워할	오

한자		뜻	음
葉	①	입	엽
	②	땅이름	섭
參	①	참여할	참
	②	석	삼(三)
宅	①	집	택
	②	집	댁
畵	①	그림	화
	②	그을	획
乾	①	하늘	건
	②	마를	간(건)
更	①	다시	갱
	②	고칠	경
丹	①	붉을	단
	②	꽃이름	란
復	①	돌아올	복
	②	다시	부
否	①	아닐	부
	②	막힐	비
寺	①	절	사
	②	관청	시
拾	①	주울	습
	②	열	십(十)
若	①	같을(만약)	약
	②	절	야
辰	①	별, 지지	진
	②	때	신
則	①	법칙	칙
	②	곧	즉
布	①	펼	포
	②	펼	보
暴	①	사나울	포
	②	드러낼	폭
	③	앙상할	박
降	①	내릴	강
	②	항복할	항
複	①	겹칠	복
	②	거듭	부
易	①	쉬울	이
	②	바꿀	역
積	①	쌓을	적
	②	저금할	자
切	①	끊을, 간절할	절
	②	온통	체
亨	①	형통할	형
	②	드릴	향
賈	①	성씨	가
	②	장사, 살	고
龜	①	거북	귀(구)
	②	터질	균
	③	땅이름	구
豈	①	어찌, 바랄	기
	②	화락할	개
屯	①	진칠, 모일	둔
	②	어려울	준
率	①	비율	률
	②	거느릴	솔

龐	① 클, 어지러울	방
	② 찰	롱
覆	① 덮을	부
	② 뒤집힐	복
塞	① 변방	새
	② 막을	색
奭	① 클	석
	② 붉을	혁
隋	① 수나라	수
	② 떨어질, 게으를	타
蔚	① 성할	위
	② 고을이름	울
倭	① 왜나라	왜
	② 두들	위
肖	① 닮을	초
	② 꺼질, 작을	이
台	① 별	태
	② 나, 기뻐할	이
泌	① 스며흐를	필
	② 샘물 흐를	비
滑	① 미끄러울	활
	② 어지러울	골
衡	① 저울	형
	② 가로	횡
烋	① 아름다울	휴
	② 기세 대단할	효
噫	① 탄식할	희
	② 하품	애

蹶	① 넘어질, 달릴	궐
	② 어지러울, 흔들	궤
拮	① 일할	길(결)
	② 핍박할	갈
諦	① 살필, 조사할, 자세히 알	체
	② 진리, 이치	제
閒	① 한가할, 틈, 들이받을	한
	② 사이	간
俛	① 구부릴	면
	② 힘쓸	면
	③ 구부릴	부
瀑	① 폭포	폭
	② 소나기, 거품	포
喝	① 외칠, 꾸짖을, 부를	갈
	② 목이 메일(목멜)	애
柑	① 감귤, 감자나무	감
	② 재갈 물릴, 다물	겸
濊	① 종족이름, 깊을	예
	② 그물 던지는 소리, 막힐	활
咽	① 목구멍	인
	② 목멜	열
茁	① 싹틀	줄
	② 자라날	촬
	③ 싹	절

濩	① 퍼질	호
	② 삶을, 낙수 물 떨어질	확
洸	① 물 용솟음 할	광
	② 깊을	황
撲	① 때릴, 칠, 찌를	박
	② 종아리채	복
磻	① 강이름	반
	② 독살촉	파
汁	① 즙, 국물	즙
	② 맞을	협
馮	① 성(姓)	풍
	② 기댈	빙
倞	① 굳셀, 다툴, 밝을	경
	② 멀, 밝을	량
圻	① 경기, 지경	기
	② 언덕, 끝	은
惇	① 밝을, 귀갑 지지는 불	돈
	② 성할, 기세가 성한 모양	퇴
枓	① 두공, 주두	두
	② 구기	주
泄	① 샐	설
	② 흩어질	예
芋	① 토란	우
	② 클	후
庄	① 장전, 단정할	장
	② 평평할	팽
祇	① 공경할, 존경할, 다만	지
	② 땅귀신, 편안할, 클	기
帖	① 표제, 휘장, 두루마리	첩
	② 체지	체
錘	① 저울	추
	② 드리울	수

3. 두음법칙에 따라 단어의 첫 음이 변하는 한자

본음		발음이 변하는 경우	본음		발음이 변하는 경우
녀 女	여 녀	女同生, 女子, 女學生 男女, 長女	렬 烈	열 렬	烈女, 烈士, 烈女 强烈, 熱烈
년 年	연 년	年代, 年度, 年歲 少年, 六學年, 青年, 豊年	령 令	영 령	令狀, 令監 命令, 辭令, 號令
념 念	염 념	念慮, 念佛, 念願 記念, 斷念, 信念	령 領	영 령	領收證, 領土 大領, 受領, 占領
략 略	약 략	略圖, 略式, 略語 大略, 省略, 侵略	례 禮	예 례	禮式, 禮儀, 禮節 敬禮, 謝禮, 婚禮
량 良	양 량	良順, 良心, 良好 改良, 善良, 優良	례 例	예 례	例年, 例事 比例, 實例
량 量	양 량	量産, 量的 大量, 分量, 水量	묘 料	요 묘	料金, 料理 無料, 燃料
량 兩	양 냥	兩面, 兩班, 兩親 百兩, 千兩	류 流	유 류	流域, 流行 逆流, 潮流, 寒流
량 糧	양 량	糧穀, 糧食 農糧, 食糧, 絶糧	류 留	유 류	留宿, 留學生 寄留地, 居留民
려 旅	여 려	旅客, 旅費, 旅行 行旅病者	류 類	유 류	類別, 類例 部類, 分類, 種類
려 麗	여 려	麗末, 麗水, 麗川 高麗, 華麗江山	류 柳	유 류	柳氏 細柳, 梧柳洞
력 力	역 력	力道, 力士, 力說 筋力, 努力, 實力	륙 六	육 륙	六・二五, 六學年 望六, 五六
력 歷	역 력	歷代, 歷史, 歷任 來歷, 略歷, 學歷	륙 陸	육 륙	陸軍, 陸士, 陸地 大陸, 離陸, 着陸
련 練	연 련	練兵場, 練習 洗練, 修練, 訓練	륜 輪	윤 륜	輪番, 輪轉機 二輪車, 五輪
련 連	연 련	連結, 連勝, 連日 大連, 一連番號	률 律	율 률	律動, 律令 法律, 音律
렬 列	열 렬	列强, 列島, 列車 整列, 行列	리 里	이 리	里數, 里長, 里程標 道里, 五里, 千里

본음		발음이 변하는 경우	본음		발음이 변하는 경우
리 理	이	理論, 理致, 理解	로 老	노	老母, 老人, 老化
	리	道理, 數理, 地理		로	敬老, 養老院, 元老
리 利	이	利己主義, 利益, 利害	로 勞	노	勞苦, 勞動, 勞役
	리	不利, 勝利, 有利		로	功勞, 過勞
리 李	이	李氏, 李太祖	로 路	노	路邊, 路線, 路資
	리	桃李, 行李		로	大路, 道路, 通路
림 林	임	林慶業	록 綠	녹	綠色, 綠地, 綠化
	림	山林, 樹林, 愛林		록	新綠, 草綠
립 立	입	立件, 立法, 立志	록 錄	녹	錄音, 錄畫
	립	孤立, 獨立, 成立		록	記錄, 登錄
라 羅	나	羅氏, 羅列, 羅州	론 論	논	論理, 論山, 論法
	라	新羅, 全羅道		론	言論, 理論
락 落	낙	落葉, 落第	래 來	내	來年, 來歷, 來往
	락	轉落, 下落		래	未來, 本來, 年來
란 卵	난	卵生	랭 冷	냉	冷氣, 冷待, 冷水
	란	鷄卵, 産卵, 魚卵		랭	溫冷, 寒冷
란 亂	난	亂離, 亂動, 亂鬪			
	란	內亂, 變亂, 戰亂			
람 覽	남	覽火匠			
	람	觀覽, 遊覽, 展覽			
랑 朗	낭	朗讀, 朗報, 朗朗			
	랑	明朗, 淸朗			

4. 반의자·상대자(反義字·相對者)

<table>
<tr><td colspan="3" align="center">[ㄱ]</td><td>老(늙을 노)</td><td>↔</td><td>少(젊을 소)</td></tr>
<tr><td></td><td></td><td></td><td>冷(찰 냉)</td><td>↔</td><td>暖(따뜻할 난)</td></tr>
<tr><td>加(더할 가)</td><td>↔</td><td>減(뺄 감)</td><td></td><td></td><td></td></tr>
<tr><td>干(방패 간)</td><td>↔</td><td>戈(창 과)</td><td colspan="3" align="center">[ㄷ]</td></tr>
<tr><td>强(굳셀 강)</td><td>↔</td><td>弱(약할 약)</td><td></td><td></td><td></td></tr>
<tr><td>乾(하늘 건)</td><td>↔</td><td>坤(땅 곤)</td><td>多(많을 다)</td><td>↔</td><td>小(적을 소)</td></tr>
<tr><td>結(맺을 결)</td><td>↔</td><td>解(풀 해)</td><td>短(짧을 단)</td><td>↔</td><td>長(길 장)</td></tr>
<tr><td>經(날 경)</td><td>↔</td><td>緯(씨 위)</td><td>淡(맑을 담)</td><td>↔</td><td>濃(짙을 농)</td></tr>
<tr><td>姑(시어미 고)</td><td>↔</td><td>婦(며느리 부)</td><td>得(얻을 득)</td><td>↔</td><td>失(잃을 실)</td></tr>
<tr><td>曲(굽을 곡)</td><td>↔</td><td>直(곧을 직)</td><td>旦(아침 단)</td><td>↔</td><td>夕(저녁 석)</td></tr>
<tr><td>貴(귀할 귀)</td><td>↔</td><td>賤(천할 천)</td><td>單(홑 단)</td><td>↔</td><td>複(겹칠 복)</td></tr>
<tr><td>今(이제 금)</td><td>↔</td><td>古(옛 고)</td><td>貸(빌릴 대)</td><td>↔</td><td>借(빌 차)</td></tr>
<tr><td>甘(달 감)</td><td>↔</td><td>苦(쓸 고)</td><td></td><td></td><td></td></tr>
<tr><td>巨(클 거)</td><td>↔</td><td>小(작을 소)</td><td colspan="3" align="center">[ㄹ]</td></tr>
<tr><td>乾(마를 건)</td><td>↔</td><td>濕(젖을 습)</td><td></td><td></td><td></td></tr>
<tr><td>慶(경사 경)</td><td>↔</td><td>弔(조상할 조)</td><td>樂(즐거울 락)</td><td>↔</td><td>苦(쓸 고)</td></tr>
<tr><td>輕(가벼울 경)</td><td>↔</td><td>重(무거울 중)</td><td>來(올 래)</td><td>↔</td><td>去(갈 거)</td></tr>
<tr><td>高(높을 고)</td><td>↔</td><td>低(밑 저)</td><td></td><td></td><td></td></tr>
<tr><td>屈(굽을 굴)</td><td>↔</td><td>伸(펼 신)</td><td colspan="3" align="center">[ㅁ]</td></tr>
<tr><td>勤(부지런할 근)</td><td>↔</td><td>怠(게으름 태)</td><td></td><td></td><td></td></tr>
<tr><td>吉(길할 길)</td><td>↔</td><td>凶(흉할 흉)</td><td>賣(팔 매)</td><td>↔</td><td>買(살 매)</td></tr>
<tr><td></td><td></td><td></td><td>矛(창 모)</td><td>↔</td><td>盾(방패 순)</td></tr>
<tr><td colspan="3" align="center">[ㄴ]</td><td>物(만물 물)</td><td>↔</td><td>心(마음 심)</td></tr>
<tr><td></td><td></td><td></td><td>問(물을 문)</td><td>↔</td><td>答(대답 답)</td></tr>
<tr><td>內(안 내)</td><td>↔</td><td>外(바깥 외)</td><td>文(글월 문)</td><td>↔</td><td>武(굳셀 무)</td></tr>
</table>

美(아름다울 미) ↔ 醜(더러울 추)

[ㅂ]

發(쏠 발) ↔ 着(붙을 착)
腹(배 복) ↔ 背(등 배)
本(밑 본) ↔ 末(끝 말)
父(아비 부) ↔ 母(어미 모)
貧(가난할 빈) ↔ 富(부자 부)
防(막을 방) ↔ 放(놓을 방)
伏(엎드릴 복) ↔ 起(일어날 기)
夫(지아비 부) ↔ 妻(아내 처)
浮(뜰 부) ↔ 沈(가라앉을 침)

[ㅅ]

私(사사로울 사) ↔ 公(공변될 공)
常(항상 상) ↔ 特(특별할 특)
生(날 생) ↔ 死(죽을 사)
盛(성할 성) ↔ 衰(쇠할 쇠)
消(사라질 소) ↔ 息(생길 식)
首(머리 수) ↔ 尾(꼬리 미)
受(받을 수) ↔ 授(줄 수)
手(손 수) ↔ 足(발 족)
勝(이길 승) ↔ 負(질 부)
始(처음 시) ↔ 終(마칠 종)
新(새 신) ↔ 舊(옛 구)
賞(상줄 상) ↔ 罰(죄 벌)

上(위 상) ↔ 下(아래 하)
善(착할 선) ↔ 惡(악할 악)
疎(드물 소) ↔ 密(빽빽할 밀)
送(보낼 송) ↔ 迎(맞이할 영)
需(구할 수) ↔ 給(줄 급)
守(지킬 수) ↔ 攻(칠 공)
昇(오를 승) ↔ 降(내릴 강)
視(볼 시) ↔ 聽(들을 청)
伸(펼 신) ↔ 縮(줄일 축)
深(깊을 심) ↔ 淺(얕을 천)

[ㅇ]

安(편안할 안) ↔ 危(위태로울 위)
哀(슬플 애) ↔ 歡(기뻐할 환)
榮(영화 영) ↔ 辱(욕 욕)
緩(느릴 완) ↔ 急(급할 급)
有(있을 유) ↔ 無(없을 무)
陰(응달 음) ↔ 陽(별 양)
愛(사랑 애) ↔ 憎(미워할 증)
抑(누를 억) ↔ 揚(날릴 양)
溫(따뜻할 온) ↔ 冷(찰 랭)
優(넉넉할 우) ↔ 劣(못할 렬)
隱(숨길 은) ↔ 顯(나타날 현)
易(쉬울 이) ↔ 難(어려울 난)
異(다를 이) ↔ 同(한가지 동)
因(인할 인) ↔ 果(결과 과)
益(더할 익) ↔ 損(덜 손)

雌(암컷 자) ↔ 雄(수컷 웅)
子(아들 자) ↔ 女(계집 녀)
戰(싸울 전) ↔ 休(쉴 휴)
早(이를 조) ↔ 晚(저물 만)
坐(앉을 좌) ↔ 立(설 립)
存(있을 존) ↔ 廢(폐할 폐)
主(주인 주) ↔ 客(손 객)
衆(무리 중) ↔ 寡(적을 과)
眞(참 진) ↔ 僞(거짓 위)
自(스스로 자) ↔ 他(다를 타)
長(어른 장) ↔ 幼(어릴 유)
靜(고요할 정) ↔ 動(움직일 동)
朝(아침 조) ↔ 夕(저녁 석)
尊(높을 존) ↔ 卑(낮을 비)
縱(세로 종) ↔ 橫(가로 횡)
晝(낮 주) ↔ 夜(밤 야)
增(더할 증) ↔ 減(덜 감)

[ㅊ]

贊(도울 찬) ↔ 反(되돌릴 반)
添(더할 첨) ↔ 削(깎을 삭)
出(날 출) ↔ 沒(가라앉을 몰)
親(친할 친) ↔ 疏(성글 소)

天(하늘 천) ↔ 地(땅 지)
晴(갤 청) ↔ 陰(흐릴 음)
治(다스릴 치) ↔ 亂(어지러울 란)

[ㅌ]

退(물러갈 퇴) ↔ 進(나아갈 진)
特(뛰어날 특) ↔ 普(두루 보)

[ㅍ]

閉(닫을 폐) ↔ 開(열 개)
彼(저 피) ↔ 此(이 차)
表(겉 표) ↔ 裏(속 리)

[ㅎ]

寒(찰 한) ↔ 暖(따뜻할 난)
賢(어질 현) ↔ 愚(어리석을 우)
禍(재앙 화) ↔ 福(복 복)
黑(검을 흑) ↔ 白(흰 백)
鄕(시골 향) ↔ 京(서울 경)
好(좋을 호) ↔ 惡(악할 악)
厚(두터울 후) ↔ 薄(엷을 박)
興(일어날 흥) ↔ 亡(망할 망)

5. 정자·속자·약자(正字·俗字·略字)

[ㄱ]

價 - 価 값 가
假 - 仮 거짓 가
覺 - 覚 깨달을 각
慨 - 慨 슬퍼할 개
槪 - 概 대개 개
擧 - 挙 들 거
據 - 拠 의지할 거
輕 - 軽 가벼울 경
經 - 経 경서 경
徑 - 径 지름길 경
鷄 - 鶏 닭 계
繼 - 継 이을 계
觀 - 観 볼 관
關 - 関 빗장 관
館 - 館 집 관
廣 - 広 넓을 광
鑛 - 鉱 쇳돌 광
舊 - 旧 옛 구
區 - 区 구역 구
驅 - 駆 몰 구
鷗 - 鴎 갈매기 구
國 - 国 나라 국
權 - 権 권세 권
勸 - 勧 권할 권

歸 - 帰 돌아올 귀
龜 - 亀 거북 귀
氣 - 気 기운 기
旣 - 既 이미 기

[ㄴ]

內 - 内 안 내
寧 - 寧 편안할 녕

[ㄷ]

單 - 単 홑 단
斷 - 断 끊을 단
團 - 団 둥글 단
擔 - 担 멜 담
當 - 当 당할 당
黨 - 党 무리 당
對 - 対 대할 대
圖 - 図 그림 도
稻 - 稲 벼 도
讀 - 読 읽을 독
獨 - 独 홀로 독

[ㄹ]

樂 - 楽 즐길 락

亂 - 乱 어지러울 란
覽 - 覧 볼 람
來 - 来 올 래
兩 - 両 두 량
勵 - 励 힘쓸 려
聯 - 聯 잇닿을 련
戀 - 恋 사모할 련
靈 - 灵 신령 령
禮 - 礼 예도 례
勞 - 労 수고로울 로
爐 - 炉 화로 로
綠 - 緑 푸를 록
祿 - 禄 녹 록
錄 - 録 기록할 록
龍 - 竜 용 룡
樓 - 楼 다락 루

[ㅁ]

萬 - 万 일만 만
滿 - 満 찰 만
蠻 - 蛮 오랑캐 만
麥 - 麦 보리 맥

[ㅂ]			實 – 実 열매	실

[ㅂ]

發 – 発 필　발
拜 – 拝 절　배
變 – 変 변할　변
辯 – 弁 말잘할　변
邊 – 辺 가　변
竝 – 並 아우를　병
寶 – 宝 보배　보
佛 – 仏 부처　불
拂 – 払 떨칠　불

[ㅅ]

絲 – 糸 실　사
寫 – 写 베낄　사
辭 – 辞 말씀　사
雙 – 双 짝　쌍
敍 – 叙 펼　서
釋 – 釈 플　석
聲 – 声 소리　성
續 – 続 이을　속
屬 – 属 붙을　속
收 – 収 거둘　수
壽 – 寿 목숨　수
數 – 数 수　수
肅 – 粛 엄숙할　숙
濕 – 湿 젖을　습
乘 – 乗 탈　승

實 – 実 열매　실

[ㅇ]

兒 – 児 아이　아
亞 – 亜 버금　아
惡 – 悪 악할　악
巖 – 岩 바위　암
壓 – 圧 누를　압
藥 – 薬 약　약
讓 – 讓 사양할　양
樣 – 様 모양　양
嚴 – 厳 엄할　엄
與 – 与 줄　여
譯 – 訳 통변할　역
驛 – 駅 역말　역
鹽 – 塩 소금　염
榮 – 栄 영화　영
營 – 営 경영할　영
溫 – 温 따뜻할　온
圓 – 円 둥글　원
爲 – 為 할　위
圍 – 囲 들레　위
應 – 応 응할　응
醫 – 医 의원　의
貳 – 弐 두　이
壹 – 壱 한　일

[ㅈ]

壯 – 壮 씩씩할　장
裝 – 装 꾸밀　장
獎 – 奨 권면할　장
爭 – 争 다틀　쟁
戰 – 戦 싸움　전
傳 – 伝 전할　전
轉 – 転 구를　전
點 – 点 점　점
靜 – 静 고요할　정
齊 – 斉 가지런할　제
濟 – 済 건널　제
弔 – 吊 조상할　조
條 – 条 가지　조
從 – 従 좇을　종
晝 – 昼 낮　주
卽 – 即 곧　즉
證 – 証 증거　증
遲 – 遅 늦을　지
眞 – 真 참　진
盡 – 尽 다할　진
姊 – 姉 맏누이　자
爵 – 爵 벼슬　작
殘 – 残 남을　잔
潛 – 潜 잠길　잠
蠶 – 蚕 누에　잠
雜 – 雑 섞일　잡

[ㅊ]

贊 - 賛 찬성할　찬
讚 - 讃 기릴　찬
參 - 参 참여할　참
處 - 処 곳　처
鐵 - 鉄 쇠　철
廳 - 庁 관청　청
體 - 体 몸　체
觸 - 触 닿을　촉
總 - 総 모두　총
蟲 - 虫 벌레　충
醉 - 酔 취할　취
齒 - 歯 이　치
恥 - 耻 부끄러울　치
寢 - 寝 잠잘　침
稱 - 称 일컬을　칭

[ㅌ]

彈 - 弾 탄알　탄
擇 - 択 가릴　택
澤 - 沢 못　택

[ㅍ]

廢 - 廃 폐할　폐
豊 - 豊 풍성할　풍

[ㅎ]

學 - 学 배울　학
陷 - 陥 빠질　함
鄕 - 郷 시골　향
虛 - 虚 빌　허
獻 - 献 드릴　헌
險 - 険 험할　험
驗 - 験 시험할　험
顯 - 顕 나타날　현
螢 - 蛍 개똥벌레　형
號 - 号 부르짖을　호
畵 - 画 그릴　화
擴 - 拡 늘릴　확
黃 - 黄 누를　황
會 - 会 만날　회
戱 - 戯 희롱할　희

6. 잘못 읽기 쉬운 한자

可矜 (가긍)	恪別 (각별)	看做 (간주)	姦慝 (간특)
間歇 (간헐)	勘當 (감당)	減殺 (감쇄)	甘蔗 (감자)
降旨 (강지)	降雨 (강우)	槪括 (개괄)	凱旋 (개선)
改悛 (개전)	改竄 (개찬)	開拓 (개척)	坑道 (갱도)
更生 (갱생)	釀出 (약출)	劫奪 (겁탈)	揭示 (게시)
譴責 (견책)	輕率 (경솔)	更迭 (경질)	驚蟄 (경칩)
膏肓 (고황)	骨格 (골격)	汨沒 (골몰)	誇張 (과장)
款待 (관대)	刮目 (괄목)	括弧 (괄호)	傀儡 (괴뢰)
乖離 (괴리)	魁滅 (괴멸)	魁首 (괴수)	攪亂 (교란)
敎唆 (교사)	膠着 (교착)	狡猾 (교활)	口腔 (구강)
構內 (구내)	句讀 (구두)	丘陵 (구릉)	拘礙 (구애)
救恤 (구휼)	軌道 (궤도)	詭辯 (궤변)	龜鑑 (귀감)
糾明 (규명)	龜裂 (균열)	均霑 (균점)	近況 (근황)
矜持 (긍지)	旗幟 (기치)	忌憚 (기탄)	嗜好 (기호)
喫煙 (끽연)	奈落 (나락)	懦弱 (나약)	內人 (나인)
裸體 (나체)	拿捕 (나포)	懶怠 (나태)	烙印 (낙인)
難澁 (난삽)	捺印 (날인)	捏造 (날조)	拉致 (납치)
狼藉 (낭자)	來往 (내왕)	內訌 (내홍)	鹿茸 (녹용)
賂物 (뇌물)	漏泄 (누설)	訥辯 (눌변)	凜然 (늠연)
凌駕 (능가)	茶菓 (다과)	團欒 (단란)	曇天 (담천)
答狀 (답장)	遝至 (답지)	撞球 (당구)	撞着 (당착)
對峙 (대치)	陶冶 (도야)	淘汰 (도태)	禿山 (독산)
瀆職 (독직)	冬眠 (동면)	憧憬 (동경)	遁走 (둔주)

滿腔 (만강)	蔓延 (만연)	媒介 (매개)	罵倒 (매도)
魅力 (매력)	煤煙 (매연)	邁進 (매진)	萌芽 (맹아)
明澄 (명징)	木果 (모과)	冒瀆 (모독)	牧丹 (모란)
矛盾 (모순)	冒險 (모험)	木柵 (목책)	木鐸 (목탁)
蒙昧 (몽매)	渺然 (묘연)	無垢 (무구)	拇印 (무인)
紊亂 (문란)	未洽 (미흡)	撲滅 (박멸)	剝奪 (박탈)
反駁 (반박)	頒布 (반포)	潑剌 (발랄)	勃發 (발발)
拔擢 (발탁)	跋扈 (발호)	厖大 (방대)	傍助 (방조)
拜謁 (배알)	胚胎 (배태)	反田 (번전)	範疇 (범주)
僻地 (벽지)	變更 (변경)	兵站 (병참)	倂呑 (병탄)
報酬 (보수)	補塡 (보전)	復習 (복습)	敷衍 (부연)
赴任 (부임)	否定 (부정)	不正 (부정)	復活 (부활)
分泌 (분비)	分析 (분석)	粉碎 (분쇄)	不朽 (불후)
沸騰 (비등)	飛翔 (비상)	匕首 (비수)	比喩 (비유)
憑藉 (빙자)	思索 (사색)	些少 (사소)	使嗾 (사주)
奢侈 (사치)	詐稱 (사칭)	邪慝 (사특)	撒水 (살수)
撒布 (살포)	三更 (삼경)	三昧 (삼매)	芟除 (삼제)
滲透 (삼투)	相憐 (상련)	祥瑞 (상서)	相殺 (상쇄)
賞狀 (상장)	上梓 (상재)	狀態 (상태)	賞牌 (상패)
索引 (색인)	省略 (생략)	書簡 (서간)	逝去 (서거)
棲息 (서식)	誓約 (서약)	庶孼 (서얼)	羨望 (선망)
先塋 (선영)	泄瀉 (설사)	閃光 (섬광)	贍富 (섬부)
星宿 (성수)	洗滌 (세척)	洗濯 (세탁)	遡及 (소급)
塑像 (소상)	甦生 (소생)	瀟灑 (소쇄)	騷擾 (소요)
贖罪 (속죄)	悚懼 (송구)	殺到 (쇄도)	刷新 (쇄신)
收斂 (수렴)	受賂 (수뢰)	袖手 (수수)	收拾 (수습)

輸入 (수입)	酬酌 (수작)	蒐集 (수집)	羞恥 (수치)
收穫 (수확)	數爻 (수효)	猜忌 (시기)	示唆 (시사)
柴炭 (시탄)	謚號 (시호)	辛辣 (신랄)	迅速 (신속)
阿諂 (아첨)	惡辣 (악랄)	齷齪 (악착)	安堵 (안도)
軋轢 (알력)	斡旋 (알선)	謁見 (알현)	哀悼 (애도)
隘路 (애로)	曖昧 (애매)	愛玩 (애완)	惹起 (야기)
惹鬧 (야료)	掠奪 (약탈)	語彙 (어휘)	掩蔽 (엄폐)
濾過 (여과)	軟化 (연화)	涅槃 (열반)	厭世 (염세)
永劫 (영겁)	領袖 (영수)	囹圄 (영어)	誤謬 (오류)
傲慢 (오만)	嗚咽 (오열)	惡寒 (오한)	穩健 (온건)
訛傳 (와전)	渦中 (와중)	頑固 (완고)	玩賞 (완상)
歪曲 (왜곡)	猥濫 (외람)	猥褻 (외설)	邀擊 (요격)
擾亂 (요란)	妖邪 (요사)	樂山 (요산)	要塞 (요새)
樂水 (요수)	窯業 (요업)	窈窕 (요조)	凹凸 (요철)
愚氓 (우맹)	韻律 (운율)	圓滑 (원활)	誘拐 (유괴)
蹂躪 (유린)	遊說 (유세)	流暢 (유창)	隱遁 (은둔)
隱匿 (은닉)	隱諱 (은휘)	吟味 (음미)	凝集 (응집)
義捐 (의연)	移徙 (이사)	匿名 (익명)	溺死 (익사)
湮滅 (인멸)	咽喉 (인후)	一括 (일괄)	一切 (일체)
剩餘 (잉여)	孕胎 (잉태)	自矜 (자긍)	佐飯 (자반)
綽綽 (작작)	箴言 (잠언)	暫定 (잠정)	將帥 (장수)
裝塡 (장전)	狙擊 (저격)	咀呪 (저주)	沮止 (저지)
傳播 (전파)	全幅 (전폭)	截斷 (절단)	淨潔 (정결)
正鵠 (정곡)	淨化 (정화)	造詣 (조예)	措置 (조치)
拙劣 (졸렬)	躊躇 (주저)	駐箚 (주차)	奏請 (주청)
酒肴 (주효)	屯困 (준곤)	蠢動 (준동)	遵守 (준수)

櫛比 (즐비)	憎惡 (증오)	支撐 (지탱)	眞摯 (진지)
進陟 (진척)	桎梏 (질곡)	叱責 (질책)	嫉妬 (질투)
斟酌 (짐작)	什物 (집물)	執拗 (집요)	茶禮 (차례)
慙愧 (참괴)	僭濫 (참람)	讒訴 (참소)	斬新 (참신)
參詣 (참예)	僭稱 (참칭)	懺悔 (참회)	暢達 (창달)
悵然 (창연)	剔抉 (척결)	擅斷 (천단)	闡明 (천명)
喘息 (천식)	穿鑿 (천착)	鐵柵 (철책)	鐵槌 (철퇴)
尖端 (첨단)	諦念 (체념)	抄本 (초본)	招聘 (초빙)
憔悴 (초췌)	忖度 (촌탁)	寵愛 (총애)	撮影 (촬영)
推戴 (추대)	追悼 (추도)	抽象 (추상)	秋毫 (추호)
縮刷 (축쇄)	衷心 (충심)	脆弱 (취약)	贅言 (췌언)
熾烈 (치열)	癡情 (치정)	沈黙 (침묵)	鍼術 (침술)
沈吟 (침음)	沈滯 (침체)	浸透 (침투)	蟄居 (칩거)
拓本 (탁본)	托鉢 (탁발)	綻露 (탄로)	彈劾 (탄핵)
耽溺 (탐닉)	耽讀 (탐독)	攄得 (터득)	慟哭 (통곡)
洞燭 (통촉)	堆積 (퇴적)	妬忌 (투기)	透明 (투명)
投擲 (투척)	推敲 (퇴고)	闖入 (틈입)	罷業 (파업)
破綻 (파탄)	稗官 (패관)	覇權 (패권)	敗北 (패배)
悖說 (패설)	澎湃 (팽배)	膨脹 (팽창)	貶論 (폄론)
平坦 (평탄)	閉塞 (폐색)	抛棄 (포기)	褒賞 (포상)
捕捉 (포착)	褒貶 (포폄)	輻輳 (폭주)	標識 (표지)
分錢 (푼전)	風靡 (풍미)	逼迫 (핍박)	割引 (할인)
行列 (항렬)	肛門 (항문)	降服 (항복)	行伍 (항오)
偕老 (해로)	解弛 (해이)	諧謔 (해학)	核心 (핵심)
享樂 (향락)	饗宴 (향연)	絢爛 (현란)	現狀 (현상)
現況 (현황)	嫌惡 (혐오)	荊棘 (형극)	好惡 (호오)

渾然 (혼연)	混淆 (혼효)	忽然 (홀연)	花瓣 (화판)
擴大 (확대)	廓然 (확연)	擴張 (확장)	豁達 (활달)
恍惚 (황홀)	膾炙 (회자)	賄賂 (회뢰)	獲得 (획득)
劃數 (획수)	橫暴 (횡포)	梟首 (효수)	嚆矢 (효시)
嗅覺 (후각)	麾下 (휘하)	携帶 (휴대)	恤兵 (휼병)
痕迹 (흔적)	欣快 (흔쾌)	恰似 (흡사)	洽足 (흡족)
犧牲 (희생)	稀罕 (희한)	詰難 (힐난)	

제3장 한자성어

대학생과 일반인을 위한
現代 實用漢字

【한자성어 · 고사성어】

※고사(故事)와 신화, 전설, 역사, 고전 등에서 연유된 말로 교훈, 경구, 비유, 상징어 등에 관용구나 속담으로 쓰여 표현을 자연스럽고 매끄럽게 한다.

1	苛斂誅求	가렴주구	가혹하게 세금을 거두어들이며, 재물을 빼앗음
2	假弄成眞	가롱성진	거짓된 것을 참된 것처럼 보이게 하는 것으로 장난삼아 한 일이 진짜가 됨
3	佳人薄命	가인박명	아름다운 용모의 여인은 운명이 기박함
4	刻骨難忘	각골난망	은혜를 입은 것에 대한 고마운 마음이 뼈에까지 새겨져 잊히지 않는 경우
5	角者無齒	각자무치	'뿔이 달린 놈은 날카로운 이가 없다'는 뜻으로, 한 사람이 여러 가지 복이나 재주를 갖출 수는 없음
6	肝膽相照	간담상조	'간과 쓸개를 서로 비춘다'는 뜻으로, 간과 쓸개를 꺼내어 보이듯 친구 간에 서로 속마음을 터놓고 허물없이 사귐을 뜻함.
7	竿頭之勢	간두지세	'장대 끝에 서 있는 형세'라는 뜻으로, 아주 위태로운 상황을 이름
8	渴而穿井	갈이천정	미리 준비하여 두지 않고 일이 닥쳐서야 허둥지둥 함
9	甘言利說	감언이설	'달콤한 말과 이로운 말'이라는 뜻으로, 남의 비위를 맞추어 그럴 듯하게 꾸밈
10	甘呑苦吐	감탄고토	'달면 삼키고 쓰면 뱉는다'는 뜻으로, 자신에게 유리하면 하고, 불리하면 하지 않는 경우
11	甲男乙女	갑남을녀	'갑이라는 남자와 을이라는 여자'라는 뜻으로, 평범한 보통 사람
12	甲論乙駁	갑론을박	'갑이 주장을 펴고 을이 이를 반박한다'는 뜻으로 자기 의견을 내세워 남의 의견을 반박함을 이르는 말
13	康衢煙月	강구연월	'한가한 거리와 흐릿한 달'이라는 뜻으로, 태평한 시대의 평화스러운 길거리의 모습을 이르는 말
14	改過遷善	개과천선	'허물을 고쳐 선으로 옮기다'라는 뜻으로, 지난 잘못을 고치고 착한 사람이 되는 경우

15	去頭截尾	거두절미	'머리와 꼬리를 잘라 버린다'는 뜻으로, 앞뒤의 사설을 빼어 버리고 요점만을 말한다는 뜻
16	擧案齊眉	거안제미	'밥상을 들어 눈썹과 나란히 한다'는 뜻으로, 아내가 남편을 극진히 공경함을 이르는 말
17	格物致知	격물치지	'사물을 연구하여 앎에 이른다'는 뜻으로, 사물의 이치를 연구하여 지식과 지혜를 얻고 올바른 판단력을 기른다는 뜻
18	隔世之感	격세지감	'세대가 멀리 떨어진 느낌'이라는 뜻으로, 세대를 뛰어넘은 것 같은 느낌. 세상이 많이 바뀌어서 딴 세대가 된 것 같은 느낌을 이름
19	隔靴搔癢	격화소양	'신을 신고 발바닥을 긁는다'는 뜻으로, 어떤 일을 하느라고 열심히 노력하지만 그 핵심을 찌르지 못하고 겉돌기만 하여 답답하고 안타깝다. 또는 애써 노력은 하나 얻는 성과가 없음을 이르는 말
20	牽强附會	견강부회	'이치에 맞지 않는 말을 억지로 끌어다가 둘러 붙인다'는 뜻으로, 사리에 닿지 않는 일을 자신에게 유리하도록 끌어다 붙임
21	見利思義	견리사의	'이익을 보면 그것이 의리에 맞는가 맞지 않는가를 먼저 생각해야 한다'는 말
22	犬馬之勞	견마지로	'개와 말의 수고'라는 뜻으로, 윗사람에 대해 바치는 자기의 노력을 겸손하게 이르는 말
23	見蚊拔劍	견문발검	'모기를 보고 칼을 뽑는다'는 뜻으로, 하찮은 일에 너무 크게 덤빈다는 뜻
24	見物生心	견물생심	'물건을 보면 그것을 갖고 싶은 욕심이 생긴다'는 말
25	犬猿之間	견원지간	'개와 원숭이의 사이'라는 뜻으로, 서로 사이가 나쁜 두 사람의 관계를 비유하여 이르는 말
26	見危授命	견위수명	'나라가 위태로움을 보면 목숨을 바친다'는 뜻
27	結者解之	결자해지	'맺은 사람이 그것을 풀어야 한다'는 뜻으로, 일을 벌인 사람이 그 일을 마무리해야 한다는 뜻
28	結草報恩	결초보은	'풀을 묶어 은혜를 갚는다'는 뜻으로, 은혜가 매우 깊어 죽어서도 은혜를 잊지 않고 갚음
29	謙讓之德	겸양지덕	'겸손하여 사양하는 덕성'이라는 뜻
30	傾國之色	경국지색	임금을 혹하게 하여 나라를 기울어지게 할 만큼의 뛰어난 미인

31	敬老孝親	경로효친	늙은이를 공경하고 어버이에게 효도함
32	敬而遠之	경이원지	'공경하나 그를 멀리한다'는 뜻으로, 겉으로는 공경하는 체하면서 속으로는 멀리하는 경우
33	鷄口牛後	계구우후	소의 꼬리보다는 닭의 부리가 되라는 뜻
34	鷄卵有骨	계란유골	'계란에 뼈가 있다'는 뜻으로 '운이 나쁜 사람은 모처럼 좋은 기회가 와도 일이 잘 안 풀린다'는 뜻
35	鷄鳴狗盜	계명구도	'닭의 울음소리를 내거나 개처럼 기어 들어가 도둑질을 한다'는 뜻으로, 얕은꾀로 남을 속이거나 학자가 배워서는 안 되는 하찮은 재주를 뜻함
36	股肱之臣	고굉지신	'허벅지와 팔꿈치처럼 보필하는 나라의 중신(重臣)'이라는 뜻으로, 임금이 팔다리같이 믿고 중히 여기는 신하를 비유함
37	孤軍奮鬪	고군분투	'외로운 군대로 힘껏 싸운다'는 뜻으로, 도와주는 사람 없이 혼자 힘으로 일을 힘겹게 해나감, 홀로 여럿을 상대로 싸움을 이르는 말
38	孤立無援	고립무원	'고립되어 도움을 받을 데가 없다'는 뜻
39	鼓腹擊壤	고복격양	'배를 두드리고 땅을 치며 태평을 노래한다'는 뜻으로, 정치가 잘되어 백성들이 평안을 누리는 태평성대를 이름
40	姑息之計	고식지계	'당장의 편한 것만을 취하는 계책'이라는 뜻으로, 임시방편으로 내는 즉흥적인 계책을 뜻함
41	苦肉之策	고육지책	'자기의 살을 괴롭게 하는 꾀'라는 뜻으로, 어쩔 수가 없어서 자신을 희생시키면서까지 내는 꾀
42	孤掌難鳴	고장난명	'한 쪽 손으로 소리 내기가 어렵다'는 뜻으로, 혼자 힘으로 일을 하기 어렵다는 뜻
43	苦盡甘來	고진감래	'고통이 다하면 기쁨이 온다'는 뜻
44	骨肉相爭	골육상쟁	'뼈와 살이 서로 다툰다'는 뜻으로, 같은 민족끼리 형제간에 싸우는 경우를 이름(＝骨肉相殘)
45	公明正大	공명정대	마음이 공명하며, 조금도 사사로움이 없이 바름
46	空中樓閣	공중누각	'공중에 떠 있는 누각'이라는 뜻으로, 근거가 없는 사물이나 일을 이르는 말
47	過猶不及	과유불급	'지나침은 미치지 못함과 같다'는 뜻으로, 중용(中庸)의 중요성을 이르는 말

48	瓜田李下	과전이하	의심받을 행동은 처음부터 해서는 안 됨
49	管鮑之交	관포지교	'관중과 포숙아의 사귐'이라는 뜻으로, 관중과 포숙아의 가난할 적 사귐이 후에 다시 출세하여 이어지듯이 '서로 믿고 이해하는 진실한 친구 사이'를 뜻함
50	刮目相對	괄목상대	'상대방이 크게 발전하여 눈을 크게 뜨고 바라보게 된다'는 뜻으로, 학식이나 재주가 매우 늘어 눈을 비비고 다시 볼 정도라는 뜻
51	矯角殺牛	교각살우	'소의 뿔을 바로 잡으려다가 소를 죽인다'는 뜻으로, 결점이나 흠을 고치려다가 방법이 지나쳐 도리어 일을 그르침을 이르는 말
52	巧言令色	교언영색	'말을 교묘하게 하고 안색을 예쁘게 꾸민다'는 뜻으로, 다른 사람의 환심을 사기 위해 말을 교묘하게 하고 표정을 좋게 꾸민다는 뜻
53	膠柱鼓瑟	교주고슬	'기러기발을 아교로 고정시켜 놓고 거문고를 탄다'는 뜻으로, 융통성 없이 어리석고 고지식한 경우
54	敎學相長	교학상장	가르치고 배우면서 서로 성장함
55	狗尾續貂	구미속초	'개 꼬리를 담비 꼬리에 잇는다'는 뜻으로, 좋은 것 다음에 나쁜 것을 잇는 것 또는 벼슬을 함부로 줌을 이르는 말
56	口蜜腹劍	구밀복검	'입에는 꿀이 있지만 뱃속에는 칼이 있다'는 뜻으로, 겉으로는 친한 척하나 속으로는 해칠 생각을 가지고 있음
57	九死一生	구사일생	아홉 번(여러 차례) 죽을 고비를 넘기고 겨우 살아남
58	口尙乳臭	구상유취	'입에서 아직 젖내가 난다'는 뜻으로, 언행이 유치함을 이르는 말
59	九牛一毛	구우일모	'아홉 마리 소 가운데 한 개의 털'이라는 뜻으로, 많은 것 가운데 아주 적은 것을 이르는 말
60	九折羊腸	구절양장	아홉 번 꼬부라진 양의 창자라는 뜻. 즉 꼬불꼬불하고 험한 산길을 비유하는 말
61	群鷄一鶴	군계일학	'닭 무리 속에 한 마리의 학'이라는 뜻으로, 평범한 여러 사람들 가운데서 뛰어난 사람을 뜻함
62	群盲評象	군맹평상	'여러 맹인들이 코끼리를 평한다'는 뜻으로, 사물을 전체적으로 보지 못하고 일부분만 보고 잘못 판단하는 것을 비유하는 말. '장님 코끼리 더듬기'(＝群盲撫象)

63	群雄割據	군웅할거	'많은 영웅들이 땅을 나누어 차지한다'는 뜻으로, 혼란한 시대에 많은 영웅들이 서로 세력을 다툰다는 뜻
64	窮餘之策	궁여지책	매우 어려운 가운데 짜낸 한 가지 꾀
65	權謀術數	권모술수	상대방을 교묘하게 속이거나 곤경에 빠뜨리는 술책을 의미
66	權不十年	권불십년	'권세가 십 년을 가지 못한다'는 뜻으로, 권력은 영원하지 못함을 이름
67	勸善懲惡	권선징악	'선을 권하고 악을 징계한다'는 뜻으로, 선한 일을 권하고 악한 일을 경계함을 이르는 말
68	捲土重來	권토중래	'흙먼지를 말아 일으키며 다시 쳐들어온다'는 뜻으로, 실패한 사람이 세력을 길러 대단한 기세로 다시 공격해 온다는 뜻
69	龜鑑	귀감	'점복(占卜)과 거울'이라는 뜻으로, 본보기라는 의미
70	橘化爲枳	귤화위지	'귤이 변하여 탱자가 된다'는 뜻으로, 사람이 처한 환경에 따라 그 성질이 변함을 뜻함
71	克己復禮	극기복례	'자신을 이기고 예로 돌아감'이라는 뜻으로, 자신의 지나친 욕심을 누르고 예의범절을 좇음
72	近墨者黑	근묵자흑	'먹을 가까이하는 사람은 검게 된다'는 뜻으로, 나쁜 사람을 가까이 하면 자신도 모르게 물들기 쉽다는 말
73	金科玉條	금과옥조	금옥과 같은 법률이란 뜻으로 아주 귀중한 법칙이나 규범
74	金蘭之交	금란지교	'둘이 합심하면 그 단단하기가 능히 쇠를 자를 수 있고, 우정의 아름다움은 난의 향기와 같다'는 뜻으로, 친구 사이의 매우 도타운 사귐을 이름
75	錦上添花	금상첨화	'비단 위에 꽃을 더한다'는 뜻으로, 좋은 일에 또 좋은 일이 더해짐을 이르는 말
76	金石盟約	금석맹약	'쇠나 돌처럼 단단하고 굳은 맹세와 약속'이라는 뜻
77	錦繡江山	금수강산	'비단에 수놓은 것 같은 강과 산'이라는 뜻으로, 아름다운 자연을 이르는 말. 우리나라를 비유하는 말로도 쓰임
78	今時初聞	금시초문	듣느니 처음. 이제야 비로소 처음 들음
79	錦衣夜行	금의야행	'비단옷을 입고 밤에 다닌다'는 뜻으로, 출세를 하여도 남들이 알아주지 않으면 쓸데없다는 뜻. 빛을 보지 못하게 됨. 쓸데없는 일을 하고 다님

80	錦衣還鄕	금의환향	'비단 옷을 입고 고향으로 돌아간다'는 뜻으로, 출세하여 고향에 돌아가는 경우
81	金子塔	금자탑	'金 모양으로 생긴 탑'이라는 뜻으로, 피라미드를 가리킨 말이었는데, 요즘에는 주로 '후세에까지 빛날 훌륭한 업적'을 뜻함
82	金枝玉葉	금지옥엽	'황금으로 된 나뭇가지와 옥으로 만든 나뭇잎'이란 뜻으로, 왕이나 귀한 집안의 자손, 귀여운 자손을 이르는 말
83	氣高萬丈	기고만장	'기운의 높이가 매우 높다'는 뜻으로, 일이 뜻대로 잘 되어 기세가 대단함, 또는 펄펄 뛸 만큼 몹시 성이 남
84	奇想天外	기상천외	'기이한 생각이 하늘의 바깥에까지 미친다'는 뜻으로, 생각이 기발하고 엉뚱한 경우
85	杞 憂	기 우	'기(杞)나라 사람의 걱정'이라는 뜻으로, 쓸데없는 걱정을 뜻함
86	氣盡脈盡	기진맥진	'기력이 다하고 맥이 다하여 풀림'이라는 뜻으로 몹시 피곤하여 지친 상태를 이르는 말
87	騎虎之勢	기호지세	'호랑이를 탄 형세'라는 뜻으로, 호랑이를 타고 달리는 도중 내릴 수 없는 것처럼 한번 시작한 일을 중간에 그만둘 수 없는 경우
88	洛陽紙貴	낙양지귀	글의 평판이 널리 알려짐을 이르는 말
89	落張不入	낙장불입	'바닥에 놓은 화투장은 다시 들이지 못한다'는 뜻으로, 한번 행해진 일은 다시 하지 못함을 의미함
90	難攻不落	난공불락	'공격하기 어려워 함락되지 않는다'는 뜻으로, 장애물이 견고해서 일을 이루기 어려움을 이름
91	難兄難弟	난형난제	'형인지 아우인지 알기 어렵다'는 뜻으로, 우열을 가리기가 어려운 비슷비슷함을 뜻함
92	南男北女	남남북녀	'남쪽의 남자와 북쪽의 여자'라는 뜻으로, 우리나라의 남쪽지방에서는 남자가 북쪽지방에서는 여자가 잘난 사람이 많다는 말
93	男負女戴	남부여대	'남자는 짐을 등에 지고, 여자는 짐을 머리에 인다'는 뜻으로, 가난한 사람이나 재난을 당한 사람들이 살 곳을 찾아 이리저리 떠돌아다닌다는 것을 이르는 말
94	濫 觴	남 상	'술잔이 넘친다'는 뜻으로, 겨우 술잔에 넘칠 정도로 적은 물이란 뜻. 나아가 일의 처음이나 시작을 이름

95	囊中之錐	낭중지추	'주머니 속의 송곳'이라는 뜻으로, 재능이 뛰어난 사람은 숨어 있어도 그 가치가 자연히 드러나게 됨을 의미
96	內憂外患	내우외환	나라 안팎의 근심거리
97	內助之功	내조지공	안에서 돕는 공. 아내가 남편이 바깥일을 잘할 수 있도록 도와주는 것
98	老馬之智	노마지지	'늙은 말의 지혜'라는 뜻으로, 아무리 하찮은 것일지라도 저마다 장기(長技)나 장점을 지니고 있음, 또는 경험을 쌓은 사람이 갖춘 지혜
99	勞心焦思	노심초사	마음을 수고롭게 하고 생각을 너무 깊게 함, 또는 애쓰면서 속을 태움
100	老益壯	노익장	'늙을수록 더욱 씩씩하다'는 뜻으로, 나이가 들었어도 결코 젊은이다운 패기가 변하지 않고 오히려 씩씩한 경우
101	壟斷	농 단	'가파른 언덕'이라는 뜻으로, 가장 유리한 입지에서 이익과 권력을 독점함을 이르는 말
102	弄瓦之慶	농와지경	옛날 중국에서 딸을 낳으면 장난감으로 실패를 주었다는 데서 '딸을 낳은 경사'를 뜻함
103	弄璋之慶	농장지경	옛날 중국에서 아들을 낳으면 구슬을 주었다는 데서 '아들을 낳은 경사'를 뜻함
104	累卵之危	누란지위	'알을 쌓아 놓은 듯이 위태로움'이란 뜻으로, 조금만 건드려도 쓰러질 것 같은 매우 위급한 상황을 이름 (＝累卵之勢)
105	能小能大	능소능대	작은 일도 큰일도 능히 해낼 수 있음
106	多岐亡羊	다기망양	'여러 갈래로 갈린 길에서 양을 잃는다'는 뜻으로, 학문의 길이 많아 진리를 찾기 어려움, 방침이 많아서 어찌할 바를 모름
107	多多益善	다다익선	많으면 많을수록 더욱 좋음
108	多事多難	다사다난	여러 가지로 일도 많고 어려움도 많음
109	斷金之交	단금지교	'쇠를 자를 만큼의 굳고 두터운 사귐'이라는 뜻으로, 정의가 두터운 친구 간의 우정 (＝金蘭之契)
110	單刀直入	단도직입	'혼자서 칼을 들고 곧장 적진으로 쳐들어간다'는 뜻으로, 말을 하거나 글을 쓸 때, 군말을 빼고 곧장 본론으로 들어감

111	簞食瓢飮	단사표음	'한 그릇의 밥과 한 표주박의 물'이라는 뜻으로, 변변치 못한 살림으로 가난하게 살아간다는 뜻. 소박하고 청빈한 생활을 뜻함
112	丹脣皓齒	단순호치	'붉은 입술과 하얀 이'라는 뜻으로, 여인의 아름다운 모습을 의미함
113	斷 腸	단 장	창자가 끊어질 듯한 슬픔을 이르는 말
114	堂狗風月	당구풍월	'서당 개 삼 년이면 풍월을 읊는다'는 뜻으로, 어떤 일을 잘 모르는 사람이라도 오랫동안 종사하여 보고 들으면 쉽게 해낼 수 있음을 이르는 말
115	螳螂拒轍	당랑거철	'사마귀가 수레바퀴에 항거한다'는 뜻으로, 자기 힘은 모르고 무모하게 덤벼드는 어리석음을 뜻함
116	大驚失色	대경실색	'크게 놀라 원래의 얼굴빛을 잃어버리고 하얗게 변함'이라는 뜻으로, 몹시 놀람을 이르는 말
117	大器晩成	대기만성	'큰 그릇은 늦게 이루어진다'는 뜻으로 크게 될 인물은 늦게 이루어진다, 나이가 들어서 성공한다는 뜻
118	大同小異	대동소이	'거의 같고 조금 다르다'는 뜻으로, 비슷비슷한 경우
119	度外視	도외시	문제를 삼지 않고 가외 것으로 보아 넘기는 말
120	道聽塗說	도청도설	'길에서 들은 이야기를 길에서 말한다'는 뜻으로, 근거 없이 나도는 소문을 이름
121	塗炭之苦	도탄지고	'진흙탕이나 숯불에 빠진 괴로움'이라는 뜻으로, 임금의 포악한 학정으로 백성들이 심한 고통으로 몹시 고생스러움을 뜻함
122	獨不將軍	독불장군	'혼자서는 장군을 할 수 없다'는 뜻으로, 남의 의견은 무시하고 모든 일을 자신의 마음대로만 처리하는 사람
123	讀書三昧	독서삼매	책 읽기에 열중하여 다른 일은 생각하지 않음
124	同價紅裳	동가홍상	'같은 값이라면 보기 좋은 다홍치마'라는 뜻으로, 같은 조건이면 품질이 좋은 것을 선택한다는 뜻
125	讀書三餘	독서삼여	독서하기에 적당한 세 여가. 즉 겨울, 밤, 비올 때
126	同苦同樂	동고동락	괴로움과 즐거움을 같이함
127	棟梁之材	동량지재	'기둥과 대들보 같은 재목'이라는 뜻으로, 큰 쓸모 있는 인물을 뜻함
128	同名異人	동명이인	'이름은 같으나 사람이 다름'

129	東問西答	동문서답	'동쪽을 물으니 서쪽을 대답한다'는 뜻으로, 묻는 말에 대하여 엉뚱한 대답을 하는 경우
130	同病相憐	동병상련	'같은 병을 앓는 이끼리 서로 불쌍히 여긴다'는 뜻으로, 입장과 처지가 같은 사람이 서로 형편을 위로한다는 뜻
131	東奔西走	동분서주	'동쪽으로 달리고 서쪽으로 달린다'는 뜻으로, 여기저기 바쁘게 돌아다니는 경우
132	凍氷寒雪	동빙한설	'찬 얼음과 차가운 눈'이라는 뜻으로, 몹시 추운 겨울을 이르는 말
133	同床異夢	동상이몽	'같은 잠자리에서 다른 꿈을 꾼다'는 뜻으로, 겉으로는 같은 행동을 하면서도 속으로는 각각 다른 생각을 하는 경우
134	東西古今	동서고금	'동양과 서양, 옛날과 오늘날'이라는 뜻으로, 곧 인간 사회의 모든 시대와 모든 곳을 뜻함
135	凍足放尿	동족방뇨	'언 발에 오줌 누기'라는 뜻으로, 한때 도움이 될 뿐 곧 효력이 없어져 더 나쁘게 되는 일을 이르는 말
136	杜門不出	두문불출	문을 닫고 세상 밖으로 나가지 아니함
137	得隴望蜀	득롱망촉	'농(隴)을 얻고 나니 촉(蜀)을 얻고 싶어 한다'는 뜻으로, 사람의 욕심이 끝이 없음을 이르는 말
138	得意揚揚	득의양양	'뜻을 얻어 기분이 썩 좋다'는 뜻
139	登高自卑	등고자비	'높은 곳에 올라가면 낮은 곳에서부터 오른다'는 말로, 일을 하는 데는 반드시 차례를 밟아야 한다는 말(=천 리 길도 한 걸음부터), 혹은 지위가 높아질수록 스스로를 낮춘다는 말
140	登龍門	등용문	'용문(龍門)에 오른다'는 뜻으로, 입신출세의 관문을 일컫는 말
141	燈下不明	등하불명	'등잔 밑이 어둡다'는 뜻으로, 가까이에 있는 것을 오히려 더 잘 모름을 이르는 말
142	燈火可親	등화가친	'등불을 가까이 할 만하다'는 뜻으로, 글 읽기에 좋은 시절인 가을을 이르는 말
143	磨斧作針	마부작침	'도끼를 갈아서 바늘을 만든다'는 뜻으로, 꾸준히 노력하면 이루지 못할 일이 없다는 뜻(=磨斧爲針)
144	馬耳東風	마이동풍	'말의 귀에 부는 동쪽 바람'이라는 뜻으로, 남의 의견이나 충고를 귀담아 듣지 않고 흘려버리는 경우

145	麻中之蓬	마중지봉	'삼밭에 난 쑥'이라는 뜻으로, 곧은 삼 속에서 자란 쑥은 저절로 곧게 자라게 된다는 데서, 좋은 환경에 있는 사람은 주위의 감화를 받아 선량해진다는 뜻
146	莫上莫下	막상막하	'위도 없고 아래도 없다'는 뜻으로, 실력의 차이가 거의 없는 경우
147	莫逆之友	막역지우	뜻이 서로 맞고 아주 가까워 거역할 수 없는 친구라는 뜻
148	萬頃蒼波	만경창파	'만 이랑이나 되는 바다의 파도'라는 뜻으로, 한없이 넓은 바다를 뜻함
149	萬古江山	만고강산	오랜 세월을 통하여 변함이 없는 산천
150	萬事亨通	만사형통	'모든 일이 두루 잘된다'는 뜻
151	萬壽無疆	만수무강	수명이 끝이 없음을 이르는 말로, 장수를 빌 때 쓰는 표현
152	滿身瘡痍	만신창이	'온 몸에 상처가 많다'는 뜻으로, 사람의 몸이나 어떠한 단체가 걷잡을 수 없이 비참한 지경에 빠짐을 이름
153	亡羊補牢	망양보뢰	'양을 잃고 난 후 우리를 고친다'는 뜻으로, 일을 그르친 뒤에 뉘우쳐도 소용없다는 뜻
154	茫然自失	망연자실	정신을 잃고 어리둥절하다. 넋이 나간 듯 멍하다는 뜻
155	望雲之情	망운지정	자식이 타향에서 고향의 부모를 그리는 정을 이르는 말
156	麥秀之嘆	맥수지탄	'보리 이삭의 탄식'이라는 뜻으로, 멸망한 고국에 대한 한탄. 기자(箕子)가 은나라가 망한 후에, 폐허가 된 그 도읍지에 보리만 부질없이 자라는 것을 보고 한탄했다는 고사에서 유래함
157	孟母斷機	맹모단기	맹자가 학업을 중도에 폐지하고 돌아왔을 때, 그 어머니가 짜던 베를 칼로 끊어 학업의 중단을 훈계하였다는 고사(故事)에서 나온 말
158	孟母三遷	맹모삼천	생활환경이 교육에 있어 큰 구실을 함. 부모가 자식의 장래를 염려하여 여러모로 애씀
159	面從腹背	면종복배	'앞에서는 복종하나 속마음은 배반한다'는 뜻으로, 겉과 속이 다름을 의미함
160	明鏡止水	명경지수	맑은 거울과 고요한 물이라는 뜻으로 잡념과 가식 없이 아주 맑고 깨끗한 마음을 비유하는 말

161	名實相符	명실상부	'이름과 실상이 서로 들어맞는다'라는 뜻으로, 밖으로 알려진 것과 실제의 상황이 서로 일치하는 경우
162	明若觀火	명약관화	'밝기가 불을 보는 것과 같다'는 뜻으로, 어떤 일이 분명하고 명백하다는 뜻
163	毛遂自薦	모수자천	'모수가 스스로를 천거한다'는 뜻으로, 자기가 자기 자신을 추천한다는 뜻
164	矛 盾	모 순	말이나 행동의 앞뒤가 서로 맞지 않음. 중국 초나라의 상인이 창과 방패를 팔면서 창은 어떤 방패도 뚫을 수 있다고 하고 방패는 어떤 창으로도 뚫지 못한다는 말을 한 데서 유래함
165	目不識丁	목불식정	'고무래(丁자 모양의 농기구)를 보고도 '丁'자를 알지 못한다'라는 뜻으로, 글자를 전혀 모르거나 무식한 사람에게 쓰는 말
166	猫項懸鈴	묘항현령	'고양이 목에 방울 달기'라는 뜻으로, 쥐들이 고양이 목에 방울을 단다는 이야기에서 나온 말로 듣기에는 좋으나 실현 가능성이 없는 헛된 말을 이름
167	武陵桃源	무릉도원	'무릉지방의 복숭아꽃이 떠내려 오는 강물의 근원지'라는 뜻으로, 별천지(別天地), 이상향을 비유하는 말
168	無病長壽	무병장수	'병 없이 오래 살다'라는 뜻으로, 보통 나이 드신 어른에게 기원의 말로 쓰임
169	巫山之夢	무산지몽	남녀 간의 애정이 깊음을 이르는 말
170	無爲徒食	무위도식	하는 일도 없이 먹고 놀기만 함
171	刎頸之交	문경지교	목을 베어 줄 수 있을 정도로 절친한 사귐, 친구를 뜻함
172	文房四友	문방사우	'서재에 있어야 할 네 가지 벗'으로, 종이, 붓, 벼루, 먹을 일컫는 말
173	聞一知十	문일지십	'하나를 들으면 열을 안다'는 뜻으로, 매우 총명한 경우
174	門前成市	문전성시	'문 앞에 마치 시장이 선 것 같다'는 뜻으로, 찾아오는 사람이 매우 많음을 나타내는 말
175	勿失好機	물실호기	모처럼 좋은 기회를 놓치지 않음
176	彌縫策	미봉책	'깁고 꿰매는 일시적인 계책'이라는 뜻으로, 임시변통의 일시적인 계책
177	尾生之信	미생지신	'미생의 믿음'이라는 뜻으로, 미련하도록 약속을 굳게 지키는 것이나 고지식하여 융통성이 없음을 가리키는 말

178	博覽强記	박람강기	'넓게 보고 잘 기억한다'는 뜻으로, 넓은 학식과 좋은 기억력을 갖춤을 의미함
179	博而不精	박이부정	넓게 알고 있으나 자세하지 못함
180	博學多識	박학다식	'학문이 넓고 아는 것이 많다'는 뜻
181	半面之分	반면지분	알기는 하지만 친하게 지내지는 않는 사이
182	班衣之戲	반의지희	'색동옷을 입고 한 재롱'이라는 뜻으로, 늙어서도 부모에게 효양(孝養) 함을 이르는 말. 부모를 위로하려고 색동저고리를 입고 기어가 보임
183	反哺之孝	반포지효	'(어미에게) 되먹이는 (까마귀의) 효성'이라는 뜻으로, 어버이의 은혜에 대한 자식의 지극한 효도를 이르는 말
184	拔本塞源	발본색원	'(폐단의) 근본을 뿌리 뽑고 그 근원을 막는다'는 뜻으로, 악의 근원을 송두리째 없앰을 뜻함
185	傍若無人	방약무인	'곁에 사람이 없는 것 같다'는 뜻으로, 남을 의식하지 않고 거리낌 없이 함부로 행동하는 경우
186	蚌鷸之爭	방휼지쟁	'조개와 도요새의 다툼'이라는 뜻으로, 두 사람이 다투고 있는 사이에 어부가 이 둘을 모두 잡는다는 뜻으로 제삼자가 이익을 얻는다는 뜻
187	背恩忘德	배은망덕	'입은 은덕을 잊어버리고 배신함'이라는 뜻으로, 은혜를 모르는 경우를 이름
188	白骨難忘	백골난망	죽어 백골이 되어서도 은혜를 잊을 수가 없음을 뜻함
189	百年大計	백년대계	'백 년의 큰 계획'이라는 뜻으로, 먼 장래를 내다보고 세우는 계획
190	百年河淸	백년하청	'백 년 동안 황하강의 물이 맑기를 기다린다'는 뜻으로, 아무리 바라고 기다려도 실현될 가망이 없음을 이르는 말
191	百年偕老	백년해로	'백 년을 함께 늙음'이라는 뜻으로, 부부가 되어 서로 늙을 때까지 화평하게 즐김을 뜻함
192	白面書生	백면서생	'글만 읽어 얼굴이 창백한 사람'이라는 뜻으로, 공부만 하여 세상 물정에 어둡고 경험이 없는 사람을 이르는 말
193	白 眉	백 미	'흰 눈썹'이란 뜻으로, 여럿 중에 가장 훌륭하다는 뜻. 중국 촉나라 마량(馬良)의 5형제 중 흰 눈썹이 섞인 良(양)의 재주가 가장 뛰어나다는 데서 온 말

194	白眼視	백안시	남을 싫어하여 흘겨보는 것을 이르는 말
195	百發百中	백발백중	'백 번 쏘아서 백 번 맞춘다'는 뜻으로, 계획이나 예상이 꼭꼭 들어맞는 경우
196	百戰老將	백전노장	'수없이 많은 전쟁을 치룬 늙은 장수'라는 뜻으로, 세상의 많은 경험을 다 겪은 사람을 이르는 말
197	百尺竿頭	백척간두	'백 척의 긴 장대 끝에 선다'는 뜻으로, 매우 위태로운 경지를 이르는 말
198	百害無益	백해무익	모든 면에서 해롭고 이로움이 전혀 없음
199	兵家常事	병가상사	'이기고 지는 일은 전쟁에서 흔히 있는 일'이라는 뜻으로, 한 번의 실패에 절망하지 말라는 뜻
200	富貴榮華	부귀영화	'부귀와 권력을 마음껏 누린다'는 말
201	父傳子傳	부전자전	'아버지가 전하고 아들이 전하다'는 뜻으로, 대대로 아버지에게서 아들로 전해짐. 그 아버지에 그 아들
202	釜中之魚	부중지어	가마솥 안에 든 물고기라는 뜻으로 목숨이 붙어 있다 할지라도 오래 가지 못함
203	夫唱婦隨	부창부수	'남편이 창을 하면 아내도 따라 한다'는 뜻으로, 남편의 주장에 아내가 따르는 것이 부부 화합의 도리라는 뜻
204	附和雷同	부화뇌동	'천둥이 치면 모든 사물이 같이 울린다'는 뜻으로, 자기의 주관 없이 남의 의견을 쉽게 따르고 남의 행동을 덩달아 따라 한다는 뜻
205	北窓三友	북창삼우	'북쪽 창가의 세 명의 벗'이라는 뜻으로, 거문고, 술, 시(詩)를 일컫는 말
206	粉骨碎身	분골쇄신	뼈가 가루가 되고 몸이 부서진다는 뜻으로 최선의 노력을 다하여 힘쓰고 고생함
207	不俱戴天	불구대천	하늘을 같이 이지 못한다는 뜻으로 이 세상에서 함께 살 수 없는 원수를 말함
208	不可思議	불가사의	생각하거나 의논해 볼 수조차 없는 신기한 일을 뜻함
209	不立文字	불립문자	'문자로써 세우지 않는다'는 뜻으로, 깨달음은 마음에서 마음으로 전해지는 것이지 말이나 문자로 전해지는 것이 아니라는 뜻
210	不問可知	불문가지	묻지 않아도 알 수 있는 확실한 사실
211	不恥下問	불치하문	아랫사람에게 묻기를 부끄러워하지 않는다는 뜻
212	非夢似夢	비몽사몽	꿈인지 생시인지 알 수 없는 어렴풋함을 이르는 말

213	髀肉之嘆	비육지탄	'넓적다리에 살이 찜을 탄식한다'는 뜻으로, 영웅이 재능을 발휘하지 못하고 헛되이 세월을 보냄을 탄식한다는 뜻
214	非一非再	비일비재	한둘이 아니고 많다는 뜻
215	貧賤之交	빈천지교	가난할 때 사귄 친구
216	氷姿玉質	빙자옥질	'얼음같이 맑고 고운 모습과 옥 같은 자질'이라는 뜻으로, 매화를 상징하는 말
217	氷炭之間	빙탄지간	'얼음과 숯불 사이'라는 뜻으로, 얼음과 숯불처럼 그 성질이 상반되어 서로 조화를 이루어 함께할 수 없는 경우
218	四顧無親	사고무친	'사방을 돌아보아도 친한 사람(친척)이 없음'이라는 뜻으로, 사방을 돌아보아도 의지할 사람 없이 혼자라는 뜻
219	士農工商	사농공상	선비·농부·장인(匠人)·상인의 네 가지 신분을 아울러 이르던 말
220	四面楚歌	사면초가	사방이 적으로 둘러싸인 고립무원(孤立無援)의 상태
221	事事件件	사사건건	'모든 일'이나 '온갖 사건'
222	沙上樓閣	사상누각	'모래 위에 세운 누각'이라는 뜻으로, 기초가 튼튼하지 못하여 무너지기 쉬운 헛된 것이라는 뜻
223	捨生取義	사생취의	'삶을 버리고 옳은 것을 취한다'는 뜻으로, 정의와 진리를 위해서는 자신의 목숨도 아끼지 않고 의로운 일을 한다는 뜻
224	蛇足	사족	안 해도 될 쓸데없는 일을 하다가 도리어 일을 그르침
225	事必歸正	사필귀정	'일은 반드시 바른 곳으로 돌아간다'는 뜻으로, 모든 잘잘못은 반드시 그 원인에 따라서 바른 결과를 얻게 된다는 뜻
226	山戰水戰	산전수전	'산에서의 싸움 물에서의 싸움'이란 뜻으로, 세상의 온갖 고난과 어려움을 다 겪어 경험이 많음을 이르는 말
227	山海珍味	산해진미	산과 바다에서 나오는 온갖 재료로 만든 진기한 음식
228	殺身成仁	살신성인	'몸을 죽여 인(仁)을 이룬다'는 뜻으로, 세상의 온갖 고난을 다 겪어 경험이 많음을 이르는 말
229	三顧草廬	삼고초려	유비가 제갈공명의 초옥을 세 번이나 찾아가 군사(軍師)로 초빙한 데서 유래한 말로, '임금의 두터운 사랑을 입다'라는 뜻, 인재를 맞기 위해 참을성 있게 힘씀

230	森羅萬象	삼라만상	'빽빽하게 펼쳐져 있는 온갖 존재들'이라는 뜻으로, 세상의 모든 것을 뜻함
231	三十六計	삼십육계	'서른여섯 가지의 병법 가운데 36번째에 해당하는 계책'으로 상황이 불리할 때는 달아나는 것이 가장 좋다는 말
232	三人成虎	삼인성호	'세 사람이면 없는 호랑이도 만들어 낸다'는 뜻으로, 거짓말이라도 여러 사람이 하면 참말로 듣는다는 뜻
233	三日天下	삼일천하	삼일 동안 세상을 다스림. 짧은 기간의 영화
234	三從之道	삼종지도	어려서 어버이께 순종하고 시집가서는 남편에게 순종하고 남편이 죽은 뒤에는 아들을 따라야 함을 이르는 말
235	三尺童子	삼척동자	'키가 세 자인 아이'라는 뜻으로 어린아이
236	三寒四溫	삼한사온	'삼일은 춥고 사일은 따뜻하다'는 뜻으로, 겨울철 우리나라 기후의 특징적 현상
237	桑田碧海	상전벽해	'뽕나무 밭이 푸른 바다가 된다'는 뜻으로, 세상의 변화가 심하거나 인생이 덧없음을 뜻함
238	塞翁之馬	새옹지마	'변방 늙은이의 말'이라는 뜻으로, 인생에 있어서 길흉화복은 항상 바뀌어 미리 헤아릴 수가 없다는 뜻
239	生面不知	생면부지	서로 만나본 일이 없어 도무지 모르는 사이
240	生者必滅	생자필멸	생겨난 것은 반드시 죽어 없어지기 마련이라는 뜻
241	先公後私	선공후사	사사로운 일이나 이익보다 공사(公事)나 공익(公益)을 앞세움을 이르는 말
242	先見之明	선견지명	일을 미리 짐작하는 밝은 지혜
243	雪上加霜	설상가상	'눈 위에 서리가 더해진다'라는 뜻으로, 나쁜 일이 연달아 생겨나는 경우
244	說往說來	설왕설래	'말이 오고 간다'는 뜻으로, 어떤 일의 시비를 따지느라고 말로 옥신각신하는 경우
245	纖纖玉手	섬섬옥수	'가늘고 옥 같은 손'이라는 뜻으로, 미인의 고운 손을 뜻함
246	騷人墨客	소인묵객	시문(詩文)·서화(書畵)를 일삼는 사람이란 뜻으로, 문사, 시인(詩人)과 서예가, 화가(畵家) 등 풍류(風流)를 아는 사람
247	小貪大失	소탐대실	작은 것을 탐내다가 큰 것을 잃음

248	束手無策	속수무책	'손이 묶이어 아무런 대책이 없다'는 뜻으로, 어쩔 도리 없이 꼼짝 할 수 없다는 뜻
249	送舊迎新	송구영신	'묵은 것을 보내고 새 것을 맞이함'이라는 뜻으로, 한 해를 보내고 새해를 맞이할 때 쓰는 말
250	首丘初心	수구초심	'(여우는 죽을 때) 머리를 자기가 살던 언덕 쪽으로 두고 죽는다'는 뜻으로, 고향을 그리워하는 마음, 또는 근본을 잊지 않는 마음
251	垂簾聽政	수렴청정	'발을 드리우고 정치를 듣는다'는 뜻으로, 나이 어린 왕이 즉위했을 때 성인이 될 일정기간 동안 왕대비나 대왕대비가 국정을 대리로 처리하던 일을 이르는 말
252	壽福康寧	수복강녕	'오래 살고 복되며 건강하고 평안하다'는 뜻
253	手不釋卷	수불석권	'손에 책을 놓지 않는다'의 뜻으로, 부지런히 공부하는 것을 뜻함
254	袖手傍觀	수수방관	'소매에 손을 끼고 곁에서 보기만 한다'는 뜻으로, 남의 일 보듯이 그냥 그대로 내버려 둠을 뜻함
255	水魚之交	수어지교	'물과 물고기의 사귐'이라는 뜻으로, 물과 물고기처럼 매우 친밀하여 떨어질 수 없는 사이를 비유함
256	守株待兔	수주대토	'나무 그루터기를 지키며 토끼를 기다린다'는 뜻으로, 융통성이 없거나 어리석은 경우
257	菽麥不辨	숙맥불변	'콩과 보리를 판별하지 못한다'는 뜻으로, 사리 분별력이 없는 사람을 비유함
258	脣亡齒寒	순망치한	'입술이 없으면 이가 시리다'는 뜻으로, 서로 돕던 사람이 없어지면 다른 한쪽 사람도 함께 위험해진다는 뜻. 서로 도우며 떨어질 수 없는 밀접한 관계를 비유함
259	時時刻刻	시시각각	지나가는 시각 시각
260	始終如一	시종여일	'처음과 끝이 한결 같다'는 뜻으로, 변함없이 한결 같은 경우를 이르는 말(＝始終一貫).
261	食少事煩	식소사번	'먹을 것은 적은데 일은 번거롭다'는 뜻으로, 수고는 많이 하지만 소득은 적은 경우를 말함
262	識字憂患	식자우환	글자를 안다는 것이 오히려 근심거리가 됨. 아는 것이 탈이라는 말로 학식이 있는 것이 오히려 근심을 사게 됨을 뜻함
263	信賞必罰	신상필벌	'(상을 받을 만한 사람에게는) 반드시 상을 주고, (벌을 받을 만한 사람에게는) 반드시 벌을 준다'는 뜻으로, 상벌을 규정대로 분명하게 하는 경우

264	身言書判	신언서판	중국 당나라 때 관리를 등용하는 기준으로 삼았던 '몸·말씨·글씨·판단력'의 네 가지를 이르는 말
265	神出鬼沒	신출귀몰	'귀신처럼 나타나고 없어진다'는 뜻으로, 귀신이 나타났다 사라지듯 홀연히 드나듦을 이름
266	實事求是	실사구시	사실에 토대하여 진리를 탐구하는 일이란 뜻으로, 공론(空論)만 일삼는 양명학에 대한 반동으로서 청조의 고증학파가 내세운 표어를 말함
267	心機一轉	심기일전	(어떤 동기에 의하여) 지금까지 품었던 생각과 마음의 자세를 완전히 바꿈
268	深思熟考	심사숙고	'깊이 생각하고 오래 살핀다'는 뜻으로, 곰곰이 따져 사려깊이 처신함을 뜻함
269	十匙一飯	십시일반	'열 사람이 한 숟가락씩 모아서 한 사람의 먹을 끼니가 된다'는 뜻으로, 작은 힘을 모아 큰일을 한다는 뜻
270	十人十色	십인십색	사람의 성격 생각 기호 등은 사람에 따라 각각이 다름을 이르는 말
271	雙 璧	쌍 벽	'한 쌍의 구슬'이라는 뜻으로, 여럿 중에 우열을 가릴 수 없이 뛰어난 인물을 말함
272	阿鼻叫喚	아비규환	아우성치고 소리 질러 참혹한 상태로, 극심한 재난으로 살려달라고 아수라장이 된 모습
273	啞然失色	아연실색	'몹시 놀라서 얼굴빛이 변한다'는 뜻
274	我田引水	아전인수	'제 논에 물 대기'라는 뜻으로, 자기에게만 유리하게 행동하거나 생각하는 이기적인 경우
275	惡戰苦鬪	악전고투	'모질게 싸우고 힘들게 싸운다'는 뜻으로, 어려운 상황에서 매우 노력함을 뜻함
276	眼下無人	안하무인	'눈 아래에 사람이 없다'는 뜻으로, 사람됨이 교만하여 남을 업신여기는 경우
277	揠苗助長	알묘조장	'싹을 뽑아 올려 자라는 것을 돕는다'는 뜻으로, 일을 절차와 순리대로 차근히 하지 않고 억지로 하다가 도리어 일을 망침을 뜻함
278	暗中摸索	암중모색	'어두운 데서 무엇을 더듬어 찾는다'는 뜻으로, 무슨 일을 은밀한 가운데 도모함을 뜻함
279	藥房甘草	약방감초	'약방의 감초'라는 뜻으로, 모든 한약에 감초가 들어간다는 데에서 어떤 일에나 빠지지 않고 끼는 사람
280	羊頭狗肉	양두구육	'양의 머리를 내걸고 개고기를 판다'는 뜻으로, 겉모양은 훌륭하지만 속은 형편없음을 이름

281	梁上君子	양상군자	'대들보 위의 군자'라는 뜻으로, 도둑이나 쥐를 달리 일컫는 말
282	良藥苦口	양약고구	'좋은 약은 입에 쓰다'라는 뜻으로, 바르게 충고하는 말은 귀에 거슬리지만 자신을 이롭게 함을 비유하여 이르는 말
283	養虎遺患	양호유환	'호랑이를 길러서 근심을 남긴다'는 뜻으로, 화근이 될 만한 일을 시작하여 걱정거리가 생김을 뜻함
284	漁父之利	어부지리	'어부의 이익'이라는 뜻으로, 두 사람이 다투고 있는 사이에 엉뚱한 제3자가 이익을 얻게 되는 경우
285	語不成說	어불성설	'말이 이야기가 되지 않다'는 뜻으로, 말에 논리성이나 사실성이 결여되었다는 뜻
286	億兆蒼生	억조창생	'무성하게 우거진 초목처럼 무수히 많은 백성'이라는 뜻으로, 모든 백성 또는 세상의 모든 생명 있는 것들을 뜻함
287	言中有骨	언중유골	'말 가운데 뼈가 있다'는 뜻으로, 말은 순한 듯하나 그 속에 비꼬거나 헐뜯는 속뜻이 들어 있는 경우
288	如履薄氷	여리박빙	'마치 엷은 얼음을 밟는 듯하다'는 뜻으로, 살얼음 밟듯이 위태로운 일을 매우 조심조심함, 또는 매우 위험하고 위태로운 상황을 뜻함
289	易子敎之	역자교지	부모와 자식 간에는 잘못을 꾸짖기 어렵기에 남과 자식을 바꾸어 가르침
290	易地思之	역지사지	'처지를 바꾸어 그 일에 대해 생각한다'는 뜻으로, 어떤 일을 상대편의 입장이 되어 생각해 보는 경우
291	緣木求魚	연목구어	'나무에 올라가서 물고기를 구한다'는 뜻으로, 도저히 불가능한 일을 하려 하는 경우, 또는 목적을 달성할 수단이 알맞지 않은 경우
292	炎凉世態	염량세태	'따뜻하면 붙고 서늘하면 버리는 세상의 태도'라는 뜻으로, 세력이 있을 때는 좇고 세력이 없어지면 버리는 세상의 인심을 비유함
293	拈華微笑	염화미소	'꽃을 집자 미소를 띤다'는 뜻으로, 마음으로써 마음을 전함을 뜻함. 이심전심(以心傳心)
294	榮枯盛衰	영고성쇠	'흥성하고 번영하였다가 쇠퇴한다'는 뜻으로, 인생이나 사물이 번성함과 쇠함이 번갈아 이어짐을 뜻함
295	五里霧中	오리무중	5리에 걸친 깊은 안개 속이라는 뜻으로 무슨 일에 대하여 알 길이 없음

296	寤寐不忘	오매불망	자나 깨나 잊지 못함
297	吾鼻三尺	오비삼척	'내 코가 석자'라는 뜻으로, 내 사정이 급하여 남을 돌볼 여유가 없는 경우
298	烏飛梨落	오비이락	'까마귀가 날자마자 배가 떨어진다'는 뜻으로, 공교롭게 어떤 일이 우연히 같은 때에 일어나 공연히 남의 의심을 받게 된다는 뜻
299	傲霜孤節	오상고절	'서리를 우습게 여길 만한 고고한 절개'라는 뜻으로, 국화의 덕성을 칭송한 말로 고고한 기품과 절개를 지키며 선비의 기상과 통한다는 뜻
300	吳越同舟	오월동주	'오나라와 월나라가 같은 배를 타고 간다'는 뜻으로, 원수끼리 같은 처지에 있을 때 서로 돕게 된다는 뜻, 또는 원수끼리 같은 자리에서 만나는 것을 뜻함
301	烏合之卒	오합지졸	'까마귀 떼처럼 (아무런 질서도 없이) 모여 있는 군사'라는 뜻으로, 아무런 규율도 없고 보잘 것도 없는 사람들의 무리
302	玉石混淆	옥석혼효	'옥과 돌이 뒤섞여 있다'는 뜻으로, 훌륭한 것과 그렇지 못한 것, 어진 사람과 어리석은 사람이 섞여 있음을 이르는 말
303	溫故知新	온고지신	옛것을 익혀서 (그것을 토대로) 새것을 앎
304	蝸角之爭	와각지쟁	'달팽이 더듬이 위에서의 싸움'이라는 뜻으로, 다투는 바가 지극히 작다는 말, 또는 보잘것없는 다툼이나 작은 나라들끼리의 싸움을 이르는 말
305	臥薪嘗膽	와신상담	'땔나무 위에 누워 쓸개를 맛본다'는 뜻으로, 어떤 목적을 달성하기 위해 온갖 고뇌를 참고 견딘다는 뜻
306	完璧	완벽	'(한 점의 흠도 없는) 완전한 구슬'이라는 뜻으로, 조금의 결점도 없이 훌륭한 것을 이르는 말
307	外柔內剛	외유내강	겉(외양과 언행)은 부드러우나 마음속(신념과 의지)은 꿋꿋하고 굳셈
308	窈窕淑女	요조숙녀	'얌전하고 아리따운 숙녀'라는 뜻으로, 말과 행동이 얌전하고 아름다운 여자
309	龍頭蛇尾	용두사미	'용머리에 뱀 꼬리'라는 뜻으로, 처음은 거창하나 나중은 희미하여 보잘 것이 없는 것을 이르는 말로 무슨 일을 거창하게 시작했지만 나중에 흐지부지 끝나는 경우를 뜻함

310	龍虎相搏	용호상박	'용과 호랑이가 서로 싸운다'는 뜻으로, 서로 만만치 않은 상대끼리 맞붙어 겨루는 모습을 비유
311	愚公移山	우공이산	'우공이 산을 옮긴다'는 뜻으로, 어떤 일이라도 끊임없이 노력하면 마침내 이룰 수 있다는 뜻
312	迂餘曲折	우여곡절	'길이 쭉 바로 뻗지 못하고 이리저리 굽고 꺾였다'는 뜻으로, 일이 굴곡이 많고 변화가 많음을 뜻함
313	右往左往	우왕좌왕	이리저리 오락가락하며 일이나 나아갈 방향을 결정짓지 못하고 망설임
314	優柔不斷	우유부단	마음이 모질지 못하여 우물쭈물하고 결단을 내리지 못함
315	牛耳讀經	우이독경	'소귀에 경 읽기'라는 뜻으로, 아무리 가르치고 일러 주어도 알아듣지 못함을 이르는 말
316	雨後竹筍	우후죽순	비 온 뒤에 대나무 순이 쑥쑥 나오듯이 어떤 일이 한 때에 많이 일어남을 뜻함
317	遠禍召福	원화소복	'재앙을 멀리하고 복을 부른다'는 뜻
318	韋編三絶	위편삼절	'책을 맨 가죽 끈이 세 번이나 끊어졌다'는 뜻으로, 가죽 끈이 세 번이나 끊어질 만큼 열심히 독서한다는 뜻
319	有口無言	유구무언	'입은 있으나 할 말이 없다'는 뜻으로, 변명할 말이 없음
320	有名無實	유명무실	'이름만 있고 실제 내용은 없다'는 뜻으로, 알려진 이름만큼 실제 내용이 미치지 못하는 경우
321	流芳百世	유방백세	'꽃다운 향기가 백세에 널리 알려진다'는 뜻으로, 명예로운 이름을 후세에 길이 남김을 뜻함
322	有備無患	유비무환	'준비가 있으면 근심이 없음'이라는 뜻으로, 어떤 일에 미리 대비하면 걱정할 것이 없다는 말
323	流水不腐	유수불부	'흐르는 물은 썩지 않는다'는 뜻으로, 항상 끊임없이 노력하면 정체되거나 쇠퇴하지 않음을 이름
324	類類相從	유유상종	비슷한 사람끼리 서로 오가며 사귐
325	流言蜚語	유언비어	아무 근거 없이 널리 퍼진 소문. 터무니없이 떠도는 말. 뜬소문
326	六何原則	육하원칙	기사 작성을 할 때 지켜야 하는 필수 조건으로, '누가, 언제, 어디서, 무엇을, 어떻게, 왜'의 여섯 가지 원칙을 이르는 말
327	隱忍自重	은인자중	참고 견디면서 신중하게 행동함

328	泣斬馬謖	읍참마속	제갈량이 눈물을 머금고 마속의 목을 벤다는 뜻으로, 사랑하는 신하를 법대로 처단하여 질서를 바로잡음을 이르는 말
329	以卵投石	이란투석	'계란으로 바위치기'라는 뜻으로, 약한 것으로 강한 것을 당해 내려는 무모하고 어리석은 짓을 말함
330	二毛之年	이모지년	센 머리털이 나기 시작하는 나이라는 뜻
331	以心傳心	이심전심	'마음으로 마음을 전하다'라는 뜻으로, 말이나 글을 사용하지 않아도 서로 마음이 통하는 경우
332	以熱治熱	이열치열	'열로써 열을 다스리다'라는 뜻으로, 힘에는 힘으로 또는 강한 것에는 강한 것으로 상대하는 경우
333	利用厚生	이용후생	(편리한 기구 등을) 이용하여 생활에 부족함이 없게 하자는 생각 또는 그런 일을 이르는 말
334	泥田鬪狗	이전투구	'진흙 밭의 개싸움'이라는 뜻으로, 명분이 서지 않는 일로 몰골사납게 싸움
335	因果應報	인과응보	'원인과 결과가 서로 대응하여 보답함'이라는 뜻으로, 좋은 행동에는 좋은 결과를 나쁜 행동에는 나쁜 결과를 받게 된다는 뜻
336	人面獸心	인면수심	'사람의 얼굴을 하였으나 마음은 짐승과 같다'는 뜻으로, 사람의 도리를 지키지 못하고 배은망덕하거나 행동이 흉악하고 음탕한 사람을 이르는 말
337	人死留名	인사유명	'사람은 죽어서 이름을 남김'
338	人山人海	인산인해	'사람으로 이루어진 산과 바다'라는 뜻으로, 많은 사람이 모인 상태를 이르는 말
339	仁者無敵	인자무적	'어진 사람에게는 적이 없다'는 뜻으로, 어진 사람은 모든 사람을 사랑하므로 천하에 적이 없다는 말
340	人之常情	인지상정	사람이라면 누구나 가지는 보통의 마음 또는 생각
341	一刻千金	일각천금	'일각(15분)이 천금'이라는 뜻으로, 매우 짧은 시간도 천금처럼 아깝고 귀중하다는 말
342	一擧兩得	일거양득	'하나를 들어서 둘을 얻다'는 뜻으로, 한 가지 일로 두 가지의 이익을 얻는 경우(＝一石二鳥)
343	一刀兩斷	일도양단	'한 칼로 두 동강이를 낸다'는 뜻으로, 일이나 행동을 머뭇거리지 않고 과감히 처리함을 이르는 말
344	一網打盡	일망타진	'한 번 그물을 쳐서 고기떼를 모두 잡는다'는 뜻으로, 어떤 무리를 한꺼번에 모조리 다 잡음을 뜻함

345	一石二鳥	일석이조	'하나의 돌로 두 마리의 새를 잡는다'는 뜻으로, 한 가지 일을 하여 두 가지의 이득을 얻는 경우
346	一魚濁水	일어탁수	'물고기 한 마리가 큰물을 흐르게 한다'는 뜻으로, 한 사람의 악행으로 인하여 여러 사람이 그 해를 받게 되는 것을 비유하는 말로 쓰임
347	一日三秋	일일삼추	'하루가 3년'이라는 뜻으로, 몹시 지루하게 애태우며 기다리는 경우
348	一字千金	일자천금	'글자 한 자에 천금'이라는 뜻으로, 매우 빼어난 글자나 시문을 비유한 말
349	一場春夢	일장춘몽	'한바탕의 봄꿈'처럼 헛된 영화나 덧없는 일이란 뜻으로, 인생의 허무함을 비유하여 이르는 말
350	一觸卽發	일촉즉발	'한 번 닿기만 해도 곧 폭발한다'는 뜻으로, 금방이라도 일이 터질듯하게 위험하고 아슬아슬한 상태(＝危機一髮)
351	一寸光陰	일촌광음	아주 짧은 시간
352	日就月將	일취월장	'날로 나아가고 달로 나아가다'는 뜻으로, 학문이나 기술이 나날이 발전하는 경우
353	一敗塗地	일패도지	'싸움에서 패하여 몸뚱이가 땅에 깔린다'는 뜻으로, 완전히 패함을 이르는 말
354	一片丹心	일편단심	'한 조각 정성스런 마음'이라는 뜻으로, 변치 않는 참된 마음을 이르는 말
355	臨渴掘井	임갈굴정	'목마른 자가 우물을 판다'라는 뜻으로, 준비 없이 일을 당하여 허둥지둥하고 애씀
356	臨機應變	임기응변	'그때그때 시기에 임해 변화에 대응한다'는 뜻으로, 그때그때 상황을 보아 알맞게 대처함을 뜻함
357	臨戰無退	임전무퇴	'전쟁에 임하여 물러나지 아니하여야 한다'는 계율로 세속오계의 하나
358	自家撞着	자가당착	'자기의 언행이 앞뒤가 맞지 않아 부딪힌다'는 뜻으로, 자기 스스로의 언행이 모순됨을 이름
359	自手成家	자수성가	'스스로의 손으로 집을 이루다'라는 뜻으로, 물려받은 재산 없이 스스로 재산을 모아 어엿한 살림을 이룬 경우
360	自繩自縛	자승자박	'자기가 가진 새끼줄로 스스로를 묶는다'는 뜻으로, 자기가 한 말과 행동으로 자기 자신이 구속되어 괴로움을 당함을 뜻함

361	自業自得	자업자득	'스스로의 업을 스스로 얻음'이라는 뜻으로, 자기가 벌인 일의 결과를 자신이 받는다는 말
362	自初至終	자초지종	'처음부터 끝까지'라는 뜻으로, 처음부터 끝까지의 동안이나 과정을 이르는 말
363	自畵自讚	자화자찬	'자기가 그린 그림을 제가 칭찬한다'는 뜻으로, 자기가 한 일을 스스로 칭찬함을 뜻함
364	作心三日	작심삼일	'마음을 먹은 것이 삼일을 못 간다'는 뜻으로, 결심이 굳지 못함을 빗대어 이르는 말
365	張三李四	장삼이사	'장씨 집의 셋째 아들과 이씨 집의 넷째 아들'이라는 뜻으로, 평범한 보통 사람
366	賊反荷杖	적반하장	'도둑이 오히려 몽둥이를 메고 달려든다'는 뜻으로, 잘못한 자가 도리어 큰 소리를 낸다는 뜻
367	赤手空拳	적수공권	'맨손과 맨주먹'이란 뜻으로, 곧 아무것도 가진 것이 없음
368	適材適所	적재적소	'적당한 인재를 적당한 자리에 둔다'는 뜻으로, 알맞은 재주꾼을 적당한 자리에 씀
369	電光石火	전광석화	'번갯불과 부싯돌의 불꽃'처럼 몹시 짧은 시간이나 매우 재빠른 동작을 일컫는 말
370	前代未聞	전대미문	'이전 시대에는 들어 본 적이 없다'는 뜻으로, 매우 놀라운 일이나 새로운 것을 두고 이르는 말
371	前無後無	전무후무	'이전에도 없었고 이후에도 없다'는 뜻
372	戰戰兢兢	전전긍긍	벌벌 떨면서 몸을 움츠리고 조심하는 모습
373	轉禍爲福	전화위복	'재앙이 바뀌어 복이 된다'는 뜻으로, 나쁜 일이 오히려 좋은 일로 바뀌는 경우
374	絶世佳人	절세가인	세상에서 뛰어나게 아름다운 사람
375	切磋琢磨	절차탁마	'옥돌을 자르고 줄로 쓸고 끌고 쪼고 갈아 빛을 내다'라는 뜻으로, 학문이나 인격을 갈고 닦음
376	切齒腐心	절치부심	'몹시 분하여 이를 갈고 속을 썩인다'는 뜻으로, 원통하고 분한 정도가 심함을 비유
377	頂門一鍼	정문일침	'정수리에 한 대의 침을 놓는다'는 뜻으로, 남의 잘못을 따끔하게 충고하거나 비판하는 경우(＝頂門一鍼)
378	正正堂堂	정정당당	태도나 처지가 바르고 떳떳함
379	糟糠之妻	조강지처	'술지게미와 겨로 끼니를 이으며 같이 고생한 아내'란 뜻으로, 힘들 때 고생을 같이해온 아내. 본부인을 뜻함

380	朝令暮改	조령모개	'아침에 명령을 내렸다가 저녁에 다시 고친다'는 뜻으로, 법령이나 명령이 자주 바뀌는 경우
381	朝三暮四	조삼모사	아침에 세 개 저녁에 네 개란 뜻으로 간사한 꾀로 남을 농락함을 말함
382	助　長	조　장	'도와서 자라나게 한다'는 뜻이지만. 흔히 어떤 경향이 더 심해지도록 부추긴다는 뜻으로 쓰임
383	鳥足之血	조족지혈	'새 발의 피'라는 뜻으로, 아주 적은 양을 이르는 말
384	種豆得豆	종두득두	'콩을 심으면 콩을 얻는다'는 뜻으로, 어떤 원인이 있으면 그에 따른 결과가 온다는 말
385	坐不安席	좌불안석	'앉아 있으나 편안한 자리가 아니다'는 뜻으로, 마음이 불안하고 걱정스러워 가만히 한군데에 오래 앉아 있지 못하는 경우
386	坐井觀天	좌정관천	'우물 속에 앉아 하늘을 본다'는 뜻으로, 견문(見聞)이 좁은 경우
387	晝耕夜讀	주경야독	'낮에는 농사짓고 밤에는 공부한다'는 뜻으로, 어렵게 공부함을 이르는 말
388	走馬加鞭	주마가편	'달리는 말에 채찍질을 더한다'는 뜻으로, 잘하는 사람을 더 잘하도록 격려함을 이름
389	走馬看山	주마간산	'달리는 말 위에서 산천을 구경한다'는 뜻으로, 이것저것을 천천히 살펴볼 틈이 없이 바삐 서둘러 대강대강 보고 지나침을 이르는 말
390	酒池肉林	주지육림	호화롭고 방탕한 술잔치나 호사스러운 생활을 이르는 말
391	竹馬故友	죽마고우	'대말을 타고 함께 놀던 친구'라는 뜻으로, 어릴 때부터 같이 놀며 자란 오랜 벗을 이름
392	衆寡不敵	중과부적	'많은 무리는 소수의 사람에게 대적이 되지 못한다'는 뜻으로, 적은 수로 많은 수를 당할 수 없음을 뜻함
393	衆口難防	중구난방	'여러 사람의 입은 막기가 어렵다'는 뜻으로, 많은 사람이 마구 떠들어대는 소리는 감당하기 어렵다는 뜻
394	重言復言	중언부언	'거듭 말하고 다시 말하다'는 뜻으로, 이미 한 말을 자꾸 되풀이하는 경우
395	指鹿爲馬	지록위마	'사슴을 가리켜 말이라고 한다'는 뜻으로 꾀를 부려 다른 사람을 농락하거나 권세를 휘두름을 뜻함
396	支離滅裂	지리멸렬	갈가리 흩어지고 찢어져 종잡을 수가 없음을 뜻함
397	至誠感天	지성감천	정성이 지극하면 하늘도 감동한다.

398	池魚之殃	지어지앙	'못에 사는 물고기의 재앙'이라는 뜻으로, 이유도 없이 뜻하지 않게 당하는 재앙이라는 뜻
399	知 音	지 음	'소리를 알아주다'는 뜻으로, 말하지 않아도 자신의 속마음까지 알아주는 친구를 이르는 말(＝知己之友)
400	指呼之間	지호지간	손짓으로 부를 만한 가까운 거리
401	珍羞盛饌	진수성찬	보배처럼 좋은 음식과 가득 차려진 음식
402	盡忠竭力	진충갈력	'충성을 다하고 힘을 다 바친다'는 뜻으로, 온 힘을 다해 노력함을 이르는 말
403	進退兩難	진퇴양난	'(앞으로) 나아가거나 (뒤로) 물러나는 것 두 가지가 모두 어려움'이라는 뜻으로, 이러기도 어렵고 저러기도 어려운 매우 난처한 처지에 놓여 있음을 이르는 말(＝進退維谷)
404	疾風怒濤	질풍노도	'빠른 바람과 성난 파도'란 뜻으로, 불안정한 상태의 청소년기를 비유하기도 함
405	此日彼日	차일피일	'이 날이다 저 날이다'하며 약속이나 기한을 자꾸 미룸
406	滄海一粟	창해일속	'넓은 바다에 좁쌀 한 알'의 뜻으로, 아주 큰 것 중에 아주 작은 것으로 미미하고 하찮은 것을 의미함
407	天高馬肥	천고마비	'하늘은 높고 말은 살찐다'는 뜻으로, '가을'을 말함
408	天方地軸	천방지축	어리석은 사람이 갈피를 못 잡고 덤벙대는 모양
409	天生緣分	천생연분	하늘이 이어 준 연분
410	泉石膏肓	천석고황	자연을 깊이 사랑하여 헤어나지 못하는 고질병을 뜻함
411	千辛萬苦	천신만고	'여러 가지 맵고 쓴 맛'이라는 뜻으로, 온갖 고생을 겪은 경우
412	天壤之差	천양지차	'하늘과 땅의 엄청난 차이'라는 뜻으로, 차이가 많이 난다는 것을 뜻함
413	天佑神助	천우신조	'하늘이 돕고 신이 돕는다'는 뜻
414	天衣無縫	천의무봉	'하늘의 옷에는 꿰맨 자국이 없다'는 뜻으로, 시(詩)나 문장 따위가 꾸밈이 없이 자연스러움을 이르는 말, 또는 사물이 완전무결함을 이르는 말
415	千載一遇	천재일우	'천 년에 한 번 만난다'는 뜻으로, 다시 만나기 힘든 좋은 기회
416	天眞爛漫	천진난만	'꾸밈없는 그대로의 참됨이 빛을 발하며 넘쳐난다'는 뜻으로, 원래 태어난 모습 그대로 순수하고 고움을 뜻함

417	穿鑿之學	천착지학	'깊게 파고 들어가는 학문'이라는 뜻
418	千篇一律	천편일률	'천 편이 모두 한 가지 운율'이라는 뜻으로, 시문(詩文)이나 사물이 독특한 개성 없이 모두 비슷비슷한 경우
419	鐵面皮	철면피	'쇠로 만든 얼굴가죽'이라는 뜻으로, 뻔뻔스럽고 염치 없는 사람을 이르는 말
420	鐵石肝腸	철석간장	'쇠나 돌같이 굳은 마음'이라는 뜻으로, 굳센 의지를 이르는 말
421	淸廉潔白	청렴결백	'맑고 검소하며 깨끗하고 희다'는 뜻으로, 개인적 이익이나 욕심에 끌리지 않고 곧고 깨끗하다는 뜻
422	靑山流水	청산유수	'푸른 산에 흐르는 물'처럼 말을 거침없이 잘하는 경우
423	靑天霹靂	청천벽력	'푸른 하늘에 치는 벼락'이라는 뜻으로, 푸른 하늘 맑은 날에 갑자기 천둥 번개가 치듯 별안간 엄청난 일이 벌어짐을 뜻함
424	靑出於藍	청출어람	'푸른색은 쪽풀에서 나왔지만 쪽풀보다 푸르다'는 뜻으로, 제자가 스승보다 뛰어남을 뜻함
425	草綠同色	초록동색	'풀색과 녹색은 같은 색'이라는 뜻으로, 같은 처지에 있는 사람들끼리 같이 어울리게 마련이라는 뜻
426	焦眉之急	초미지급	눈썹에 불이 붙는 것과 같이 몹시 위급함
427	初志一貫	초지일관	처음 품은 뜻을 한결같이 꿰뚫음
428	寸鐵殺人	촌철살인	'한 치의 짧은 칼로 사람을 죽인다'는 뜻으로, 짧은 말로 사람의 마음을 찔러 감동시킨다는 뜻
429	秋風落葉	추풍낙엽	가을에 떨어지는 낙엽과 같이 덧없음을 일컬음
430	春秋筆法	춘추필법	공자가 저술한 '춘추'에 쓰인 필법처럼 비판적이고 엄정한 필법, 대의명분을 밝혀 세우는 논조
431	七寶丹粧	칠보단장	'일곱 가지 보물로 붉게 단장한다'는 뜻으로, 갖가지 보석으로 곱게 치장한다는 뜻
432	七縱七擒	칠종칠금	'일곱 번 놓아주고 일곱 번 사로잡는다'는 뜻으로, 제갈량이 남만의 맹획을 일곱 번이나 잡았다가 풀어주어 스스로 굴복하게 한 전략에서 '마음대로 잡았다 놓았다 한다'는 뜻
433	七顚八起	칠전팔기	일곱 번 넘어지고 여덟 번 일어난다는 뜻으로 여러 번 실패해도 굽히지 않고 분투함을 이르는 말

434	針小棒大	침소봉대	'바늘처럼 작은 것을 몽둥이처럼 크다고 한다'는 뜻으로, 작은 일을 크게 과장하여 말하는 경우
435	快刀亂麻	쾌도난마	'경쾌한 칼놀림으로 어지러운 삼대를 잘라낸다'는 뜻으로, 일을 시원스럽게 척척 해냄을 의미함
436	他山之石	타산지석	다른 산의 돌도 자신의 옥을 가는 데 도움이 될 수 있는 것처럼, 다른 사람의 하찮은 언행도 나의 지덕을 닦는 데 도움이 될 수 있다는 말
437	卓上空論	탁상공론	실제적인 이용 가치도 없는 것을 둘러 앉아 의논한다는 뜻
438	泰山北斗	태산북두	'태산과 북두칠성'이라는 뜻으로, 세상 사람들로부터 존경받는 사람, 어떤 전문 분야에서의 권위자를 일컫는 말
439	泰然自若	태연자약	(마음에 무슨 충격을 받을 만한 일이 있어도) 태연하고 침착하여 조금도 마음이 동요되지 아니하는 모양을 이르는 말
440	太平聖代	태평성대	어진 임금이 다스리는 태평한 시대
441	兔死狗烹	토사구팽	'토끼가 죽으면 개를 삶아 먹는다'는 뜻으로, 쓸모가 있을 때는 이용하다가 가치가 없으면 냉정하게 버린다는 뜻
442	吐哺握發	토포악발	'먹던 것을 뱉고 감던 머리채를 잡고 손님을 맞이한다'는 뜻으로, 널리 인재를 구하고 어진 선비를 잘 대접한다는 뜻
443	推 敲	퇴 고	'미느냐 두드리느냐'라는 뜻으로, 시문(詩文)의 자구(字句)를 여러 번 고침을 이르는 말
444	波瀾萬丈	파란만장	'물결의 길이가 만이나 된다'는 뜻으로, 일의 진행이 변화가 심함을 뜻함
445	破邪顯正	파사현정	'사악한 것을 깨트리고 바른 것을 나타낸다'는 뜻
446	破竹之勢	파죽지세	'대나무를 쪼갤 때의 기세'라는 뜻으로, 거침없이 맹렬한 기세
447	八方美人	팔방미인	'여덟 방위로 살펴보아도(어느 쪽으로 보아도) 아름다운 사람'이라는 뜻으로, 여러 방면에 능통한 사람을 이르는 말
448	敗家亡身	패가망신	집안의 재산을 모두 탕진하고 자신의 몸을 망침

449	平地風波	평지풍파	'평지에 풍파가 인다'는 뜻으로, 뜻밖에 분쟁이 일어남을 비유하여 이르는 말
450	弊袍破笠	폐포파립	'누더기 도포와 찌그러진 갓'이라는 뜻으로, 초라한 행색을 뜻함
451	抱腹絶倒	포복절도	'배를 안고 기절하여 넘어진다'는 뜻으로, 배를 움켜쥐고 엎드려질 정도로 우스움을 뜻함
452	表裏不同	표리부동	'겉과 속이 같지 않다'는 뜻으로, 겉모습과 속마음이 다름을 이름
453	風樹之嘆	풍수지탄	'바람과 나무의 탄식'이라는 뜻으로, 어버이가 돌아가시어 효도를 하고 싶어도 할 수 없는 슬픔을 이르는 말
454	風前燈火	풍전등화	'바람 앞의 등불'이라는 뜻으로, 존망(存亡)이 달린 매우 위급한 상태를 이르는 말
455	匹夫之勇	필부지용	'한 사나이(대수롭지 않은 평범한 남자)의 용기'라는 뜻으로, 혈기만 믿고 함부로 덤비는 소인(小人)의 용기를 이르는 말
456	匹夫匹婦	필부필부	'평범한 남자와 여자'라는 뜻으로, 평범한 보통사람(＝甲男乙女)
457	夏爐冬扇	하로동선	'여름의 화로와 겨울의 부채'라는 뜻으로, 아무 소용 없는 말이나 재주를 비유하여 이르는 말, 또는 철에 맞지 않거나 쓸모없는 사물을 비유하여 이르는 말
458	下石上臺	하석상대	'아랫돌을 빼서 윗돌을 괸다'는 뜻으로, 임시변통으로 이리저리 둘러맞춘다는 뜻
459	鶴首苦待	학수고대	'학처럼 목을 빼고 괴로울 정도로 기다린다'는 뜻으로, 몹시 기다림을 뜻하는 말
460	漢江投石	한강투석	'한강에 돌을 던진다'는 뜻으로, 아무리 해도 헛된 일을 하는 어리석은 행동을 이르는 말
461	邯鄲之夢	한단지몽	'옛 조(趙)나라 한단에서 여옹(呂翁) 이 잠시 베개를 베고 누워 꾼 꿈'이라는 데서 한바탕의 꿈, 헛된 영화나 덧없는 일을 비유하는 말
462	汗牛充棟	한우충동	'수레에 실으면 소가 땀을 뻘뻘 흘리고, 집안에 쌓으면 마룻대까지 가득 채워진다'는 뜻으로, 읽어야 할 많은 책을 뜻함
463	含憤蓄怨	함분축원	'분을 머금으며 원한을 쌓는다'는 뜻으로, 원통하고 분한 일이 많음을 뜻함

464	含哺鼓腹	함포고복	'입에 먹을 것을 가득 씹으며 배를 두드린다'는 뜻으로, 백성이 배불리 먹고 즐겁게 지내는 평화로운 모습
465	咸興差使	함흥차사	함흥 별궁의 이성계에게 옥쇄를 가지러 간 차사들이 돌아오지 않음에서 연유한 것으로 '심부름을 간 사람이 아무리 기다려도 소식이 감감할 때, 한번 가기만 하면 무소식'의 뜻을 지닌다.
466	合縱連橫	합종연횡	'세로로 합하고 가로로 연결한다'는 뜻으로, 강국 진나라에 대항하기 위한 소진과 장의의 외교 전술. 합종은 강한 자에 대항하여 약한 자들이 협력하는 것이고, 연횡은 강한 자와 약한 자가 결탁하는 것을 뜻함
467	解語花	해어화	말을 알아듣는 꽃이라는 뜻으로 미인이나 화류계의 여인을 이르는 말
468	虛張聲勢	허장성세	실력이 없으면서 허풍스런 언행으로 과장함. 허세를 부림
469	懸河之辨	현하지변	'큰 강물이 쏟아져 내리는 듯한 말솜씨'라는 뜻으로, 거침없이 말을 잘함을 뜻함
470	孑孑單身	혈혈단신	아무에게도 의지할 곳 없는 외로운 홀몸이라는 뜻
471	孑孑無依	혈혈무의	'오직 하나뿐인 몸이어서 의지할 곳이 없이 외롭다'는 뜻(＝孑孑單身).
472	螢雪之功	형설지공	'반딧불과 눈의 공로'라는 뜻으로, 반딧불을 모아 등불 삼아 공부하고 눈빛에 달빛을 반사시켜 책을 보며 이룬 공이라는 데서 어려운 여건을 이겨내고 열심히 공부하여 얻은 보람을 뜻함
473	狐假虎威	호가호위	'여우가 호랑이의 위세를 빌리다'는 뜻으로, 남의 권세에 붙어 위세를 부리는 경우를 비유함
474	糊口之策	호구지책	'입에 풀칠하다'라는 뜻으로, 겨우 먹고살아 가는 방책
475	好事多魔	호사다마	'좋은 일에는 나쁜 일이 많이 낀다'는 뜻으로, 좋은 일이 있을 땐 이상하게도 이를 방해하는 궂은일이 많이 생긴다는 뜻
476	虎視耽耽	호시탐탐	'호랑이가 매섭게 노려본다'는 뜻으로, 호랑이가 노리고 엿보듯이 기회를 엿본다는 말
477	好衣好食	호의호식	잘 입고 잘 먹음, 또는 그런 생활
478	呼兄呼弟	호형호제	썩 가까운 벗의 사이에 형이니 아우니 하고 서로 부름

479	惑世誣民	혹세무민	'세상을 현혹시키고 백성을 속인다'는 뜻
480	魂飛魄散	혼비백산	'혼이 날아가고 넋이 흩어진다'는 뜻으로, 크게 놀라 정신이 없음을 이름
481	昏定晨省	혼정신성	'저녁에 잠자리를 정해 드리고 새벽에 문안하여 안부를 살핀다'는 뜻으로, 극진한 효성을 뜻함
482	忽顯忽沒	홀현홀몰	'갑자기 나타났다가 홀연히 사라진다'는 뜻
483	紅爐點雪	홍로점설	'벌겋게 된 화로 위에 한 점 눈'이라는 뜻으로, 풀리지 않았던 사욕이나 의혹이 눈 녹듯 없어짐, 또는 크나큰 일 앞에 작은 힘이 효과가 없음을 이름
484	弘益人間	홍익인간	'널리 인간세계를 이롭게 한다'는 뜻으로, 단군왕검이 우리나라를 세울 때의 건국이념(建國理念)임
485	畵龍點睛	화룡점정	'용을 그리고 (마지막으로) 눈동자를 점 찍는다'는 뜻으로, 가장 중요한 부분을 처리하여 일을 끝내는 경우
486	花容月態	화용월태	'꽃같이 예쁜 얼굴과 달같이 고운 맵시'라는 뜻으로, 아름다운 여인의 용모와 자태를 의미
487	花朝月夕	화조월석	'꽃이 피는 아침과 달이 뜨는 저녁'이라는 뜻으로, 경치가 좋을 때를 이르는 말
488	畵中之餅	화중지병	'그림의 떡'이라는 뜻으로, 탐이 나도 아무 소용이 없고 실속이 없음을 뜻함
489	畵虎類狗	화호유구	호랑이를 그리려다 개를 그리다.
490	換骨奪胎	환골탈태	'뼈를 바꾸고 태(胎)를 빼앗는다'는 뜻으로, '얼굴이나 모습이 이전에 비하여 몰라보게 좋아졌음'을 비유함
491	會者定離	회자정리	'만난 사람은 헤어짐이 정해져 있다'는 뜻으로, 만난 사람은 반드시 헤어지기 마련이라는 뜻
492	橫說竪說	횡설수설	'가로로 말하고 세로로 말한다'는 뜻으로, 말을 이랬다저랬다 하여 종잡을 수가 없음
493	效顰	효빈	'찡그리는 것을 본받다'는 뜻으로, 옳고 그름을 생각하지 않고 무조건 남을 따라 함을 이르는 말
494	嚆矢	효시	전쟁터에서 우는 화살을 쏘아 개전(開戰)의 신호로 삼다라는 뜻으로, 모든 일의 시초(始初)
495	後生可畏	후생가외	후진들이 선배들보다 젊고 기력이 좋아, 학문을 닦음에 따라 큰 인물이 될 수 있으므로 오히려 두렵게 여김
496	厚顔無恥	후안무치	'얼굴이 두꺼워 부끄러움이 없다'는 뜻으로, 부끄러운 행동을 하고도 뻔뻔스러워 부끄러워할 줄을 모른다는 뜻

497	胸有成竹	흉유성죽	대를 그리고자 할 때 마음속엔 이미 대가 그려져 있다는 뜻으로 일을 시작하기 전 충분한 복안이 있음
498	興亡盛衰	흥망성쇠	흥하고 망하고 성하고 쇠함
499	興盡悲來	흥진비래	'즐거운 일이 다하면 슬픈 일이 온다'는 뜻으로, 세상 일이 돌고 돈다는 것을 이름(＝苦盡甘來)
500	犧　牲	희　생	어떤 사물이나 사람을 위해 자기 몸을 돌보지 않음

제4장　한자의 활용

대학생과 일반인을 위한

現代 實用漢字

1. 간지와 육갑

天干(十)	甲	乙	丙	丁	戊	己	庚	辛	壬	癸	
	갑	을	병	정	무	기	경	신	임	계	
地支(十二)	子	丑	寅	卯	辰	巳	午	未	申	酉	戌	亥
	자	축	인	묘	진	사	오	미	신	유	술	해

12支	12神	12時	月(陽曆)	月(陰曆)
子	鼠(쥐)	23시 - 01시	1월	11월
丑	牛(소)	01시 - 03시	2월	12월
寅	虎(범)	03시 - 05시	3월	1월
卯	兔(토끼)	05시 - 07시	4월	2월
辰	龍(용)	07시 - 09시	5월	3월
巳	蛇(뱀)	09시 - 11시	6월	4월
午	馬(말)	11시 - 13시	7월	5월
未	羊(양)	13시 - 15시	8월	6월
申	猿(원숭이)	15시 - 17시	9월	7월
酉	鷄(닭)	17시 - 19시	10월	8월
戌	犬(개)	19시 - 21시	11월	9월
亥	猪(돼지)	21시 - 23시	12월	10월

六十甲子	십간(十干)과 십이지(十二支)를 순차로 배합하여 육십 가지로 배열한 순서. '갑자(甲子)'에서 시작하여 '계해(癸亥)'에서 끝남. '六甲'이라고도 함								
甲子	乙丑	丙寅	丁卯	戊辰	己巳	庚午	辛未	壬申	癸酉
甲戌	乙亥	丙子	丁丑	戊寅	己卯	庚辰	辛巳	壬午	癸未
甲申	乙酉	丙戌	丁亥	戊子	己丑	庚寅	辛卯	壬辰	癸巳
甲午	乙未	丙申	丁酉	戊戌	己亥	庚子	辛丑	壬寅	癸卯
甲辰	乙巳	丙午	丁未	戊申	己酉	庚戌	辛亥	壬子	癸丑
甲寅	乙卯	丙辰	丁巳	戊午	己未	庚申	辛酉	壬戌	癸亥

2. 24절기(二十四節氣)

하늘(天)을 360度로 나누고 춘분(春分)을 0度로 하여 하지(夏至)를 90度, 추분(秋分)을 180도, 동지(冬至)를 270度, 다시 춘분에 돌아와 360度(0度)가 된다. 이것을 24등분하여 節氣로 하였다.

四時	節氣	周天度	陽曆	陰曆
春	立春(입춘)	315	2월 4~5일	正月節
	雨水(우수)	330	2월 19~20일	正月中
	驚蟄(경칩)	345	3월 5~6일	二月節
	春分(춘분)	0	3월 21~22일	二月中
	淸明(청명)	15	4월 5~6일	三月節
	穀雨(곡우)	30	4월 20~21일	三月中
夏	立夏(입하)	45	5월 6~7일	四月節
	小滿(소만)	60	5월 21~22일	四月中
	芒種(망종)	75	6월 6~7일	五月節
	夏至(하지)	90	6월 21~22일	五月中
	小暑(소서)	105	7월 7~8일	六月節
	大暑(대서)	120	7월 23~24일	六月中
秋	立秋(입추)	135	8월 8~9일	七月節
	處暑(처서)	150	8월 23~24일	七月中
	白露(백로)	165	9월 8~9일	八月節
	秋分(추분)	180	9월 23~24일	八月中
	寒露(한로)	195	10월 8~9일	九月節
	霜降(상강)	210	10월 23~24일	九月中
冬	立冬(입동)	225	11월 7~8일	十月節
	小雪(소설)	240	11월 22~23일	十月中
	大雪(대설)	255	12월 7~8일	十一月節
	冬至(동지)	270	12월 22~23일	十一月中
	小寒(소한)	285	1월 6~7일	十二月節
	大寒(대한)	300	1월 20~21일	十二月中

3. 나이에 따른 별칭(別稱)

명 칭		연령	의 미
지학	志學	15세	학문에 뜻을 둔 나이(十有五而志于學: 論語)
과년	瓜年	16세	혼기에 이른 여자의 나이(破瓜之年: 瓜를 八과 八로 나눔)
약관	弱冠	20세	남자나이 20세(二十曰弱冠: 禮記)
방년 묘령	芳年 妙齡	20세 전후	20세 전후의 꽃다운 여자의 나이
이립	而立	30세	기초를 세우고 자립하는 나이(三十而立: 論語)
불혹	不惑	40세	사물의 이치를 터득하고 세상일에 흔들리지 않는 나이 (四十而不惑: 論語)
지천명 애년	地天命 艾年	50세	천명을 아는 나이(五十而知天命: 論語) 머리털이 세어서 쑥 같으므로 이렇게 말함
망륙	望六	51세	60을 바라본다는 뜻
이순	耳順	60세	육순(六旬). 공자가 60세가 되어 천지만물의 이치에 통달하게 되고, 듣는 대로 모두 이해하게 된 데서 온 말 (六十而耳順: 論語)
환갑	還甲	61세	회갑(回甲), 화갑(華甲: ‘十’ 여섯 개와 ‘一’), 망칠(望七) 60갑자를 다 지내고 다시 낳은 해의 간지가 돌아왔다는 의미
진갑	進甲	62세	환갑의 이듬해 맞는 생일
고희 종심	古稀 從心	70세	70세까지 산다는 것은 옛날에는 드문 일이라는 뜻 (人生七十古來稀: 杜甫의 曲江詩) 뜻대로 행하여도 도리에 어긋나지 않는 나이 (七十而從心所欲不踰矩: 論語)
망팔	望八	71세	80을 바라본다는 뜻
희수	喜壽	77세	오래 살아 기쁘다는 뜻. ‘喜’자의 초서체가 ‘七十七’과 비슷한 데서 이르는 말
산수	傘壽	80세	‘傘’자의 八과 十을 八十으로 간주(看做)하여 80세를 일컬음
망구	望九	81세	90을 바라본다는 뜻
미수	米壽	88세	‘米’를 분해하면 八十八이 된다는 의미
졸수	卒壽	90세	‘卒’의 약자의 모양에서 따옴
망백	望百	91세	100을 바라본다는 뜻
백수	白壽	99세	‘百’에서 ‘一’을 빼면 ‘白’이 됨
상수	上壽	100세	사람의 수명(壽命)을 상, 중, 하로 나눌 때, 최상의 나이임을 뜻함

4. 경조사 시 봉투 쓰는 법

분류					
결혼식	賀儀 (하의)	祝結婚 (축결혼)	祝華婚 (축화혼)	祝聖婚 (축성혼)	祝盛典 (축성전)
축 하	祝優勝 (축우승)	祝發展 (축발전)	祝榮轉 (축영전)	祝當選 (축당선)	祝入選 (축입선)
회갑연	祝回甲 (축회갑)	祝壽宴 (축수연)	壽儀 (수의)	祝禧筵 (축희연)	祝儀 (축의)
초 상	奠儀 (전의)	香燭代 (향촉대)	吊儀 (조의)	賻儀 (부의)	謹弔 (근조)
사 례	略禮 (약례)	微意 (미의)	薄禮 (박례)	薄謝 (박사)	非品 (비품)
대소상	薄儀 (박의)	菲意 (비의)	菲儀 (비의)	奠儀 (전의)	香奠 (향전)

5. 한국인의 성씨

우리나라 국민들의 성(姓)은 한자문화가 들어온 후인 삼국시대부터 사용된 것으로 추정되나 일반 백성들은 성을 쓰지 않았다. 고려 문종 9년(1055년)에 성이 없는 사람은 과거에 급제할 수 없다는 법령이 내려진 이후 성을 쓰게 되었으나 노비와 천민계급은 조선 후기까지도 성을 쓸 수가 없었다.

그 후 1909년 새로운 민적법이 시행되면서 누구나 성(姓)과 본(本)을 가지도록 법제화되었다. 현재는 270여 성이 있으나 국제화 시대가 되면서 외국인의 귀화 등으로 새로운 성씨와 본관이 조금씩 증가하고 있다.

●현재 사용되고 있는 성씨 일람

賈	가	郭	곽	段	단	牟	모	卞	변
簡	간	具	구	唐	당	毛	모	卜	복
葛	갈	丘	구	大	대	睦	목	奉	봉
甘	감	鞠	국	都	도	墨	묵	夫	부
姜	강	弓	궁	獨孤	독고	文	문	氷	빙
康	강	權	권	董	동	閔	문	史	사
強	강	琴	금	東方	동방	朴	박	尙	상
堅	견	箕	기	杜	두	潘	반	徐	서
慶	경	吉	길	羅	라	方	방	西門	서문
景	경	金	김	馬	마	房	방	石	석
桂	계	南	남	麻	마	龐	방	昔	석
高	고	南宮	남궁	梅	매	裴	배	宣	선
孔	공	盧	노	孟	맹	白	백	鮮于	선우
公	공	魯	노	明	명	邊	변	薛	설

卨	설	廉	염	印	인	天	천	皇甫	황보
成	성	芮	예	壬	임	千	천		
蘇	소	吳	오	林	임	崔	최		
邵	소	伍	오	慈	자	卓	탁		
孫	손	玉	옥	張	장	太	태		
宋	송	溫	온	蔣	장	彭	팽		
荀	순	王	왕	章	장	片	편		
承	승	龍	용	全	전	平	평		
申	신	禹	우	田	전	表	표		
辛	신	于	우	鄭	정	馮	풍		
愼	신	元	원	丁	정	皮	피		
沈	심	袁	원	程	정	弼	필		
安	안	魏	위	諸	제	河	하		
夜	야	韋	위	諸葛	제갈	夏	하		
楊	양	俞	유	趙	조	韓	한		
梁	양	柳	유	曺	조	漢	한		
襄	양	劉	유	周	주	咸	함		
魚	어	庾	유	朱	주	許	허		
嚴	엄	陸	육	智	지	玄	현		
呂	여	尹	윤	池	지	邢	형		
余	여	殷	은	陳	진	扈	호		
延	연	陰	음	晋	진	胡	호		
燕	연	李	이	秦	진	洪	홍		
連	연	異	이	蔡	채	黃	황		
廉	염	伊	이	菜	채				

제5장 중국한자(간체자)

대학생과 일반인을 위한
現代 實用漢字

1. 간체자란

　마오쩌뚱에 의해 문맹퇴치와 표기통일을 위해 출범한 문자개혁위원회가 내놓은 것이 간화자(簡化字) 즉 간체자(簡體字)로 기존의 번체자(繁體字) 6만여 자 속에서 일상적으로 많이 쓰는 한자 2, 235자의 획수를 간소화시킨 것이다.

2. 간체자 제자 원리

　첫째 총획이 17획 이상인 글자는 반드시 그 필획을 줄인다. 12획 이상은 줄이지 않되 12-17획인 글자는 경우에 따라 처리한다.
　둘째 이미 통용되어 온 간편한 한자는 계속 사용한다.
　셋째 한자 서예법의 규칙과 특징에 맞게 간소화한다.
　위 세 가지 기준에서 아래와 같이 몇 가지 원칙을 적용시켰다.

1) 속자(俗子)를 채용
　　- 头(頭) 权(權) 当(當) 办(辦) 时(時)
2) 옛 글자의 채용
　　- 万(萬) 众(衆) 异(異) 个(個) 礼(禮)
3) 정자체를 초서화
　　- 书(書) 为(爲) 发(發/髮) 乐(樂) 长(長)
4) 동음자를 채용
　　- 里(裏) 千(乾) 了(瞭) 谷(穀) 丑(醜)
5) 회의(會義)문자 원리를 이용
　　- 阴(陰) 阳(陽) 泪(淚) 尘(塵) 笔(筆)

6) 형성(形聲)문자 원리를 이용
  − 机(機) 远(遠) 灯(燈) 邮(郵) 态(態)

7) 복잡한 편방을 단순화
  − 难(難) 对(對) 齿(齒) 轰(轟) 尧(堯)

8) 원래 한자의 일부를 채용
  − 开(開) 飞(飛) 从(從) 乡(鄕) 丽(麗)

3. 간체자로 바뀐 부수

  총 214개 부수 가운데 일부 부수를 간체자로 바꾸어 사용하고 있다. 이
경우 대체로 그 부수가 글자의 어디에 위치하건 간체자로 바꾸어 사용한다.
간체자로 흔히 쓰이는 부수는 다음과 같다.

言 → 讠(말씀언)　　　　　　　: 语(yǔ), 辩(biàn)

片 → 丬(조각 장, 장수 장)　: 壮(zhuàng), 将(jiàng)

門 → 门(문 문)　　　　　　　: 问(wèn), 闻(wén)

辶 → 辶(쉬엄쉬엄 갈 착)　　: 远(yuǎn), 违(wéi)

艹 → 艹(풀 초)　　　　　　　: 菜(cài), 莹(yíng)

食 → 饣(밥 식)　　　　　　　: 饭(fàn), 饮(yǐn)

糸 → 纟(실 사)　　　　　　　: 红(hóng), 约(yuē)

馬 → 马(말 마)　　　　　　　: 妈(mā), 驯(xùn)

韋 → 韦(가죽 위)　　　　　: 伟(wěi), 违(wéi)

車 → 车(수레 차)　　　　　: 库(kù), 轮(wěi)

貝 → 贝(조개 패)　　　　　: 财(cái), 责(zé)

見 → 见(볼 견)　　　　　　: 现(xiàn), 规(guī)

風 → 风(바람 풍)　　　　: 飒(sà), 飓(gùi)

龍 → 龙(용 룡)　　　　　: 垄(lǒng), 茏(lóng)

金 → 钅(쇠 금)　　　　　: 钢(gāng), 铃(líng)

鳥 → 鸟(새 조)　　　　　: 鸡(jī), 鸣(míng)

頁 → 页(머리 혈)　　　　: 项(xiàng), 顺(shùn)

麥 → 麦(보리 맥)　　　　: 麨(chǎo), 麸(fū)

鹵 → 卤(염전 로)　　　　: 鹾(gǎng), 鹾(cuó)

角 → 角(뿔 각)　　　　　: 解(jiě), 觓(yóu)

齒 → 齿(이 치)　　　　　: 龄(líng), 龉(yǔ)

黽 → 黾(힘쓸 민)　　　　: 鼋(yuán), 鼍(tuó)

魚 → 鱼(고기 어)　　　　: 鲖(dāo), 鱿(yóu)

靑 → 青(푸를 청)　　　　: 静(jìng), 靖(jìng)

骨 → 骨(뼈 골)　　　　　: 骸(háil), 髁(kē)

4. 중국한자(간체자)

2획
厂[廠] 헛간 창
卜[蔔] 무 복
儿[兒] 아이 아
几[幾] 몇 기
了[瞭] 밝을 료

3획
干[乾] 하늘 건
干[幹] 줄기 간
亏[虧] 어지러질 휴
才[纔] 겨우 재
万[萬] 일만 만
与[與] 줄 여
千[鞦] 그네 천
亿[億] 억 억
个[個] 낱 개
么[麼] 잘 마
广[廣] 넓을 광
门[門] 문 문
义[義] 옳을 의
卫[衛] 지킬 위
飞[飛] 날 비
习[習] 익힐 습
马[馬] 말 마

乡[鄉] 시골 향

4획
丰[豐] 풍년 풍
开[開] 열 개
无[無] 없을 무
韦[韋] 가죽 위
专[專] 오로지 전
云[雲] 구름 운
扎[紮] 묶을 찰
艺[藝] 심을 예
厅[廳] 관청 청
历[歷] 지낼 력
历[曆] 책력 력
区[區] 지경 구
巨[鉅] 클 거
车[車] 수레 거
冈[岡] 언덕 강
贝[貝] 재주 예
见[見] 볼 견
气[氣] 기운 기
升[昇] 오를 승
升[陞] 오를 승
长[長] 길 장
仆[僕] 종 복

币[幣] 비단 폐
从[從] 좇을 종
仑[侖] 생각할 륜
凶[兇] 흉악할 흉
仓[倉] 곳집 창
风[風] 바람 풍
仅[僅] 겨우 근
凤[鳳] 봉새 봉
乌[烏] 까마귀 오
闩[閂] 빗장 산
为[爲] 할 위
斗[鬥] 싸울 투
忆[憶] 생각할 억
订[訂] 맺을 정
计[計] 꾀 계
讣[訃] 부고 부
认[認] 알 인
讥[譏] 나무랄 기
丑[醜] 추할 추
队[隊] 대 대
办[辦] 힘쓸 판
邓[鄧] 나라이름 등
劝[勸] 권할 권
双[雙] 쌍 쌍
书[書] 책 서

5획

击[擊] 칠 격
戋[戔] 적을 전
扑[撲] 칠 박
节[節] 마디 절
术[術] 꾀 술
札[箚] 찌를 차
龙[龍] 용 룡
厉[厲] 갈 려
布[佈] 포고 포
灭[滅] 멸할 멸
东[東] 동녘 동
轧[軋] 삐걱거릴 알
占[佔] 엿볼 점
卢[盧] 밥그릇 로
业[業] 업 업
旧[舊] 옛 구
帅[帥] 장수 수
归[歸] 돌아갈 귀
叶[葉] 잎 엽
号[號] 이름 호
电[電] 전기 전
只[隻] 하나 척
只[祇] 가사 기
叽[嘰] 한숨 쉴 기
叹[嘆] 탄식 탄
们[們] 들 문
仪[儀] 의례 의

丛[叢] 모일 총
尔[爾] 너 이
乐[樂] 즐길 락
处[處] 곳 처
冬[鼕] 북소리 동
鸟[鳥] 새 조
务[務] 일 무
刍[芻] 꼴 추
饥[饑] 주릴 기
饥[飢] 주릴 기
邝[鄺] 성씨 광
冯[馮] 성씨 풍
闪[閃] 번쩍일 섬
兰[蘭] 난초 란
头[頭] 머리 두
汇[匯] 물돌 회
汇[彙] 모을 휘
汉[漢] 한수 한
宁[寧] 편안할 녕
它[牠] 뿔 없는 소 타
写[寫] 베낄 사
礼[禮] 예도 예
讦[訐] 들추어낼 알
让[讓] 사양할 양
讪[訕] 헐뜯을 산
讧[訌] 무너질 홍
讨[討] 칠 토
讫[訖] 마칠 글

训[訓] 가르칠 훈
议[議] 의논할 의
讯[訊] 물을 신
记[記] 기록할 기
辽[遼] 멀 료
边[邊] 가 변
出[齣] 날 출
发[發] 필 발
发[髮] 터럭 발
圣[聖] 성스러울 성
对[對] 대할 대
台[臺] 돈대 대
台[檯] 등대 대
台[颱] 태풍 태
驭[馭] 말부릴 어
纠[糾] 꼴 규
丝[絲] 실 사

6획

玑[璣] 구슬 기
动[動] 움직일 동
执[執] 잡을 집
巩[鞏] 묶을 공
圹[壙] 광 광
扩[擴] 넓을 확
扪[捫] 어루만질 문
扫[掃] 쓸 소
扬[揚] 오를 양

场[場]	마당	장	虫[蟲]	벌레	충	伪[僞]	거짓	위
亚[亞]	버금	아	曲[麴]	누룩	국	向[嚮]	향할	향
芗[薌]	낟알기	향	团[團]	둥글	단	后[後]	뒤	후
朴[樸]	통나무	박	团[糰]	수단	단	会[會]	모일	회
机[機]	틀	기	吗[嗎]	어조사	마	杀[殺]	죽일	살
权[權]	저울추	권	屿[嶼]	섬	서	合[閤]	모두	합
过[過]	지날	과	岁[歲]	해	세	众[衆]	무리	중
协[協]	맞을	협	回[廻]	돌	회	爷[爺]	아비	야
压[壓]	누를	압	岂[豈]	어찌	기	伞[傘]	우산	산
厌[厭]	싫을	염	则[則]	법	칙	创[創]	비롯할	창
厍[庫]	마을이름	서	刚[剛]	강직할	강	杂[雜]	섞일	잡
页[頁]	머리	혈	网[網]	그물	망	负[負]	질	부
夸[誇]	자랑할	과	钆[釓]	가돌리늄	가	犷[獷]	사나울	광
夺[奪]	빼앗을	탈	钇[釔]	이트륨	을	犸[獁]	매머드	마
达[達]	통할	달	朱[硃]	주사	주	凫[鳧]	오리	부
夹[夾]	뒤섞일	잡	迁[遷]	옮길	천	邬[鄔]	땅이름	오
轨[軌]	길	궤	乔[喬]	높을	교	饦[飥]	수제비	탁
尧[堯]	요임금	요	伟[偉]	훌륭할	위	饧[餳]	엿	당
划[劃]	그을	획	传[傳]	전할	전	壮[壯]	씩씩할	장
迈[邁]	갈	매	伛[傴]	구부릴	구	冲[衝]	찌를	충
毕[畢]	마칠	필	优[優]	넉넉할	우	妆[妝]	꾸밀	장
贞[貞]	곧을	정	伤[傷]	상처	상	庄[莊]	삼갈	장
师[師]	스승	사	伥[倀]	미칠	창	庆[慶]	경사	경
当[當]	당할	당	价[價]	값	가	刘[劉]	죽일	류
当[擋]	처리할	당	伦[倫]	인륜	륜	齐[齊]	조화할	제
尘[塵]	먼지	진	伧[傖]	천할	창	产[産]	낳을	산
吁[籲]	부를	유	华[華]	빛날	화	闭[閉]	닫을	폐
吓[嚇]	성낼	혁	伙[夥]	많을	과	问[問]	물을	문

闯[闖] 엿볼 틈
关[關] 빗장 관
灯[燈] 등잔 등
汤[湯] 끓일 탕
忏[懺] 뉘우칠 참
兴[興] 일 흥
军[軍] 군사 군
农[農] 농사 농
讴[謳] 노래할 구
讲[講] 익힐 강
讳[諱] 꺼릴 휘
讵[詎] 어찌 거
讶[訝] 맞을 아
讷[訥] 말 더듬을 눌
许[許] 허락할 허
讹[訛] 잘못될 와
䜣[訢] 기뻐할 흔
论[論] 논의할 논
讻[詾] 송사할 흉
讼[訟] 송사할 송
讽[諷] 욀 풍
设[設] 베풀 설
访[訪] 찾을 방
诀[訣] 이별할 결
寻[尋] 찾을 심
尽[盡] 다할 진
尽[儘] 다할 진
异[異] 다를 이

导[導] 이끌 도
孙[孫] 손자 손
阵[陣] 줄 진
阳[陽] 볕 양
阶[階] 섬돌 계
阴[陰] 그늘 음
妇[婦] 며느리 부
妈[媽] 어미 마
戏[戲] 놀 희
观[觀] 볼 관
欢[歡] 기뻐할 환
买[買] 살 매
驮[駄] 실을 태
驯[馴] 길들 순
驰[馳] 달릴 치
纡[紆] 굽을 우
红[紅] 붉을 홍
纣[紂] 말고삐 주
纤[繭] 굵은솜 견
纤[纖] 가늘 섬
纥[紇] 실끝 흘
纨[紈] 흰 비단 환
约[約] 묶을 약
级[級] 등급 급
纩[纊] 솜 광
纪[紀] 벼리 기
纫[紉] 실꿸 인

7획

寿[壽] 목숨 수
麦[麥] 보리 맥
玛[瑪] 옥돌이름 마
进[進] 나아갈 진
远[遠] 멀 원
违[違] 어길 위
韧[韌] 질길 인
刬[剗] 깎을 잔
运[運] 돌 운
抚[撫] 어루만질 무
坛[壇] 단 단
坛[罈] 술병 담
抟[摶] 뭉칠 단
坏[壞] 무너질 괴
抠[摳] 던질 구
坜[壢] 지명 력
扰[擾] 어지러울 요
坝[壩] 방죽 파
贡[貢] 바칠 공
㧏[掆] 들어올릴 강
折[摺] 접을 접
抡[掄] 휘두를 륜
抢[搶] 닿을 창
坞[塢] 둑 오
坟[墳] 무덤 분
护[護] 보호할 호
壳[殼] 껍질 각

한자	뜻	음
块[塊]	흙덩이	괴
声[聲]	소리	성
报[報]	갚을	보
拟[擬]	헤아릴	의
㧬[㩳]	움츠릴	송
芜[蕪]	거칠	무
苇[葦]	갈대	위
芸[蕓]	평지	운
苈[藶]	개냉이	력
苋[莧]	비름	한
苁[蓰]	다섯 곱	사
苍[蒼]	푸를	창
严[嚴]	엄할	엄
芦[蘆]	갈대	로
劳[勞]	일할	로
克[剋]	이길	극
苏[蘇]	깨어날	소
苏[㩗]	찾을	소
极[極]	다할	극
杨[楊]	버들	양
两[兩]	두	량
丽[麗]	고울	려
医[醫]	의원	의
励[勵]	힘쓸	려
还[還]	돌아올	환
矶[磯]	물가	기
奁[奩]	거울상자	렴
歼[殲]	다 죽일	섬
来[來]	올	래
欤[歟]	어조사	여
轩[軒]	추녀	헌
连[連]	잇닿을	련
轫[軔]	쐐기나무	인
卤[鹵]	소금	로
卤[滷]	소금밭	로
邺[鄴]	땅이름	업
坚[堅]	굳을	견
时[時]	때	시
呒[嘸]	분명하지 않을	무
县[縣]	고을	현
里[裏]	속	리
呓[囈]	잠꼬대	예
呆[獃]	어리석을	애
园[園]	동산	원
呖[嚦]	새 울음	력
旷[曠]	밝을	광
围[圍]	들레	위
吨[噸]	무게	톤
旸[暘]	해돋이	양
邮[郵]	역참	우
困[睏]	괴로울	곤
员[員]	수효	원
呗[唄]	찬불	패
听[聽]	들을	청
呛[嗆]	사레들	창
呜[嗚]	탄식소리	오
别[彆]	활 뒤틀릴	별
财[財]	재물	재
囵[圇]	완전할	륜
岍[岍]	지명	연
帏[幃]	휘장	위
岖[嶇]	험할	구
岗[崗]	언덕	강
岘[峴]	재	현
帐[帳]	휘장	장
岚[嵐]	남기	람
针[針]	바늘	침
钉[釘]	못	정
钊[釗]	힘쓸	소
钋[釙]	폴로늄	박
钌[釕]	재갈	조
乱[亂]	어지러울	란
体[體]	몸	체
佣[傭]	품팔이	용
伛[傴]	뱉	추
彻[徹]	통할	철
馀[餘]	남을	여
佥[僉]	다	첨
谷[穀]	닥나무	곡
邻[鄰]	이웃	린
肠[腸]	창자	장
龟[龜]	거북	귀
犹[猶]	오히려	유
狈[狽]	이리	패

鸠[鳩]	비둘기	구
条[條]	가지	조
岛[島]	섬	도
邹[鄒]	나라이름	추
饨[飩]	찐만두	돈
饩[餼]	보낼	희
饪[飪]	익힐	임
饫[飫]	물릴	어
饬[飭]	신칙할	칙
饭[飯]	밥	반
饮[飲]	마실	음
系[係]	걸릴	계
系[繫]	맬	계
冻[凍]	얼	동
状[狀]	형상	상
亩[畝]	이랑	묘
庑[廡]	곁채	무
床[牀]	침상	상
库[庫]	곳집	고
疖[癤]	부스럼	절
疗[療]	병 고칠	료
应[應]	응할	응
这[這]	이	저
庐[廬]	오두막집	려
弃[棄]	버릴	기
闰[閏]	윤달	윤
闱[闈]	문	위
闲[閑]	막을	한
间[間]	틈	간
闵[閔]	위문할	민
闷[悶]	번민할	민
灿[燦]	빛날	찬
灶[竈]	부엌	조
炀[煬]	쇠 녹일	양
沣[灃]	강이름	풍
沤[漚]	담글	구
沥[瀝]	거를	력
沦[淪]	물놀이	륜
沧[滄]	찰	창
沨[渢]	물소리	풍
沟[溝]	봇도랑	구
沩[潙]	강이름	위
沪[滬]	강이름	호
浑[瀋]	즙	심
怃[憮]	어루만질	무
怀[懷]	픔을	회
怄[慪]	화낼	우
忧[憂]	근심	우
忾[愾]	성낼	개
怅[悵]	한탄할	창
怆[愴]	슬퍼할	창
灾[災]	재앙	재
穷[窮]	다할	궁
证[證]	증거	증
诂[詁]	주낼	고
诃[訶]	꾸짖을	가
启[啓]	열	계
评[評]	평론할	평
补[補]	기울	보
诅[詛]	저주할	저
识[識]	알	식
诇[詗]	염탐할	형
诈[詐]	속일	사
诉[訴]	하소연할	소
诊[診]	볼	진
诋[詆]	꾸짖을	저
诌[謅]	농담함	초
词[詞]	말씀	사
诎[詘]	굽힐	굴
诏[詔]	고할	조
译[譯]	통역할	역
诒[詒]	보낼	이
灵[靈]	신령	령
层[層]	층	층
迟[遲]	늦을	지
张[張]	베풀	장
际[際]	사이	제
陆[陸]	뭍	륙
陇[隴]	고개이름	롱
陈[陳]	늘어놓을	진
坠[墜]	떨어질	추
陉[陘]	지레목	형
姬[嫗]	할미	구
妩[嫵]	아리따울	무

妫[嬀]	성	규	责[責]	꾸짖을	책	㭎[棡]	강나무	강
刭[剄]	목벨	경	现[現]	나타날	현	枧[梘]	비누	견
劲[勁]	굳셀	경	表[錶]	겉	표	桢[楨]	문설주	정
鸡[鷄]	닭	계	玱[瑲]	옥 소리	창	板[闆]	주인	반
纬[緯]	씨	위	规[規]	법	규	枞[樅]	전나무	종
纭[紜]	어지러울	운	瓯[甌]	상자	케	松[鬆]	더벅머리	송
驱[驅]	몰	구	垆[壚]	흑토	로	枪[槍]	창	창
纯[純]	생사	순	顶[頂]	정수리	정	枫[楓]	단풍나무	풍
纰[紕]	잘못	비	拢[攏]	누를	롱	构[構]	얽을	구
纱[紗]	깁	사	拣[揀]	가릴	간	杰[傑]	인걸	걸
纲[綱]	벼리	강	担[擔]	멜	담	丧[喪]	죽을	상
纳[納]	바칠	납	拥[擁]	안을	옹	画[畫]	그림	화
纴[紝]	짤	임	势[勢]	기세	세	枣[棗]	대추나무	조
驳[駁]	얼룩말	박	拦[攔]	막을	란	卖[賣]	팔	매
纵[縱]	늘어질	종	㧟[擓]	긁을	회	郁[鬱]	막을	울
纶[綸]	낚싯줄	륜	拧[擰]	비틀	녕	矾[礬]	명반	반
纷[紛]	어지러워질	분	拨[撥]	다스릴	발	矿[礦]	쇳돌	광
纸[紙]	종이	지	择[擇]	가릴	택	砀[碭]	옥돌	탕
纹[紋]	무늬	문	茏[蘢]	개여뀌	롱	码[碼]	마노	마
纺[紡]	자을	방	苹[蘋]	사과	평	厕[廁]	뒷간	측
驴[驢]	나귀	려	茑[蔦]	담쟁이	조	奋[奮]	떨칠	분
绁[絏]	고삐	진	范[範]	법	범	态[態]	모양	태
纽[紐]	끈	뉴	茔[塋]	무덤	영	瓯[甌]	사발	구
纾[紓]	느슨할	서	茕[煢]	외로울	경	欧[歐]	노래할	구
			茎[莖]	줄기	경	殴[毆]	때릴	구
			枢[樞]	지도리	추	垅[壟]	언덕	롱
8획			枥[櫪]	말구유	력	郏[郟]	고을이름	겹
玮[瑋]	옥이름	위	柜[櫃]	함	궤	轰[轟]	울림	굉
环[環]	고리	환						

간체	뜻	음	간체	뜻	음	간체	뜻	음
顷[頃]	밭이랑	경	凯[凱]	즐길	개	货[貨]	재화	화
转[轉]	구를	전	峄[嶧]	산이름	역	侪[儕]	동배	제
轭[軛]	멍에	액	败[敗]	깨뜨릴	패	侬[儂]	나	농
斩[斬]	벨	참	账[賬]	장부	장	质[質]	바탕	질
轮[輪]	바퀴	륜	贩[販]	팔	판	征[徵]	부를	징
软[軟]	연할	연	贬[貶]	떨어뜨릴	폄	径[徑]	지름길	경
鸢[鳶]	솔개	연	贮[貯]	쌓을	저	舍[捨]	버릴	사
齿[齒]	이	치	购[購]	살	구	刽[劊]	끊을	회
虏[虜]	포로	로	图[圖]	그림	도	郐[鄶]	나라이름	회
肾[腎]	콩팥	신	钍[釷]	토륨	토	怂[慫]	권할	종
贤[賢]	어질	현	钎[釺]	정	천	籴[糴]	쌀 사들일	적
昙[曇]	흐릴	담	钐[釤]	낫	삼	觅[覓]	찾을	멱
国[國]	나라	국	钓[釣]	낚시	조	贪[貪]	탐할	탐
畅[暢]	펼	창	钒[釩]	바나듐	범	贫[貧]	가난할	빈
咙[嚨]	목구멍	롱	钔[鍆]	멘델레븀	문	戗[戧]	다칠	창
虮[蟣]	서캐	기	钕[釹]	네오디뮴	녀	肤[膚]	살갗	부
黾[黽]	힘쓸	민	钖[鍚]	당노	양	䏝[膞]	저민 고기	전
鸣[鳴]	울	명	钗[釵]	비녀	차	肿[腫]	부스럼	종
咛[嚀]	간곡할	녕	制[製]	지을	제	胀[脹]	배부를	창
咝[嘶]	울림소리	사	刮[颳]	바람 불	괄	肮[骯]	살찔	항
罗[羅]	새그물	라	岳[嶽]	설악	악	胁[脅]	옆구리	협
岩[巖]	바위	암	侠[俠]	호협할	협	周[週]	주기	주
岽[崬]	곳	동	侥[僥]	바랄	요	迩[邇]	가까울	이
岿[巋]	홀로설	귀	侦[偵]	정탐할	정	鱼[魚]	고기	어
帜[幟]	기	치	侧[側]	곁	측	狞[獰]	모질	녕
岭[嶺]	재	령	凭[憑]	기댈	빙	备[備]	갖출	비
刿[劌]	상처 입힐	귀	侨[僑]	우거할	교	枭[梟]	올빼미	효
剀[剴]	알맞을	개	侩[儈]	거간	쾌	饯[餞]	전별할	전

饰[飾]	꾸밀	식	泻[瀉]	쏟을	사	诞[誕]	태어날	탄
饱[飽]	물릴	포	泼[潑]	뿌릴	발	诟[詬]	꾸짖을	후
饲[飼]	먹일	사	泽[澤]	못	택	诠[詮]	설명할	전
蚀[蝕]	고기만두	돌	泾[涇]	통할	경	诡[詭]	속일	궤
饴[飴]	엿	이	怜[憐]	불쌍히 여길	련	询[詢]	물을	순
变[變]	변할	변	怄[慪]	고집 셀	추	诣[詣]	이를	예
庞[龐]	클	방	怿[懌]	기뻐할	역	诤[諍]	간할	쟁
庙[廟]	사당	묘	峃[嶨]	돌산	학	该[該]	그	해
废[廢]	폐할	폐	学[學]	배울	학	详[詳]	자세할	상
疟[瘧]	학질	학	宝[寶]	보배	보	诧[詫]	자랑할	타
疠[癘]	창질	려	宠[寵]	괼	총	诨[諢]	농담할	원
疡[瘍]	종기	양	审[審]	살필	심	诩[詡]	자랑할	후
剂[劑]	약 지을	제	帘[簾]	발	렴	肃[肅]	엄숙할	숙
闸[閘]	물문	갑	实[實]	열매	실	隶[隸]	붙을	례
闹[鬧]	시끄러울	뇨	郓[鄆]	고을이름	운	录[錄]	기록할	록
郑[鄭]	나라이름	정	衬[襯]	속옷	친	弥[彌]	두루	미
卷[捲]	말	권	袆[褘]	아름다울	의	滪[瀰]	물넓을	미
单[單]	홀	단	视[視]	볼	시	陕[陝]	고을이름	섬
炜[煒]	빨갈	위	诓[誆]	속일	광	驽[駑]	둔할	노
炝[熗]	데칠	창	诔[誄]	뇌사	뢰	驾[駕]	멍에	가
炉[爐]	화로	로	试[試]	시험한	시	参[參]	간여할	참
浅[淺]	얕을	천	诖[詿]	그르칠	괘	艰[艱]	어려울	간
泷[瀧]	비올	롱	诗[詩]	시	시	驵[駔]	준마	장
泸[瀘]	강이름	로	诘[詰]	물을	힐	驶[駛]	달릴	사
泪[淚]	눈물	루	诙[詼]	조롱할	회	驸[駙]	곁마	부
泺[濼]	강이름	락	诚[誠]	정성	성	驷[駟]	사마	사
注[註]	주해	주	诛[誅]	벨	주	驹[駒]	망아지	구
泞[濘]	진창	녕	话[話]	말할	화	骀[駘]	마부	추

简[繁]	뜻	음
驻[駐]	머무를	주
驼[駝]	낙타	타
驿[驛]	역참	역
骀[駘]	둔마	태
线[綫]	실	선
绀[紺]	감색	감
绁[紲]	고삐	설
绂[紱]	인끈	불
练[練]	익힐	련
组[組]	끈	조
绅[紳]	끈띠	신
绅[紬]	실마리	주
细[細]	가늘	세
终[終]	끝날	종
织[織]	짤	직
绉[縐]	주름질	추
绊[絆]	줄	반
绋[紼]	상여줄	불
绌[絀]	물리칠	출
绍[紹]	이를	소
绎[繹]	풀어낼	역
经[經]	날	경
绐[紿]	속일	태
贯[貫]	꿸	관

9획

简[繁]	뜻	음
贰[貳]	두	이
帮[幫]	도울	방
珑[瓏]	옥 소리	롱
顸[頇]	얼굴 클	한
韍[韍]	폐슬	불
项[項]	목	항
垭[埡]	산길	아
垲[塏]	시원한 땅	개
赵[趙]	나라	조
贲[賁]	클	분
挂[掛]	걸	괘
掗[掗]	떠맡길	아
挝[撾]	칠	과
挞[撻]	매질할	달
挟[挾]	낄	협
挠[撓]	어지러울	뇨
挡[擋]	막을	당
挢[撟]	들	교
垫[墊]	빠질	점
挤[擠]	밀	제
挥[揮]	휘두를	휘
挦[撏]	딸	잠
荐[薦]	천거할	천
荚[莢]	풀 열매	협
贳[貰]	세낼	세
荛[蕘]	땔나무	요
荜[蓽]	콩	필
带[帶]	띠	대
茧[繭]	고치	견
荞[蕎]	메밀	교
荟[薈]	무성할	회
荠[薺]	냉이	제
荡[蕩]	쓸어버릴	탕
垩[堊]	백토	악
荣[榮]	꽃	영
荤[葷]	매운 채소	훈
荥[滎]	물결일	영
荦[犖]	얼룩소	락
荧[熒]	등불	형
荨[蕁]	쐐기풀	심
胡[鬍]	수염	호
荩[藎]	조개풀	신
荪[蓀]	향풀이름	손
荫[蔭]	그늘	음
荬[蕒]	시화	매
荭[葒]	털여뀌	홍
荮[葤]	꾸러미	주
药[藥]	약	약
标[標]	우듬지	표
栈[棧]	잔도	잔
栉[櫛]	빗	즐
栊[櫳]	우리	롱
栋[棟]	용마루	동
栌[櫨]	두공	로
栎[櫟]	상수리나무	력
栏[欄]	난간	란
柠[檸]	레몬	녕
柽[檉]	위성류	정

树[樹]	나무	수	觇[覘]	엿볼	첨	哟[喲]	어조사	약
鸻[鴴]	동고비	사	点[點]	점	점	峡[峽]	골짜기	협
郦[酈]	고을이름	력	临[臨]	임할	림	峣[嶢]	높을	요
咸[鹹]	짤	함	览[覽]	볼	람	峤[嶠]	산길	교
砖[磚]	벽돌	전	竖[豎]	더벅머리	수	帧[幀]	그림족자	정
厘[釐]	다스릴	리	尝[嘗]	맛볼	상	罚[罰]	죄	벌
砗[硨]	조개이름	차	眍[瞘]	눈들어갈	구	贱[賤]	천할	천
砚[硯]	벼루	연	眬[矓]	어스레할	롱	贴[貼]	붙을	첩
砜[碸]	설폰	풍	哄[閧]	싸울	홍	贶[貺]	줄	황
面[麵]	밀가루	면	哑[啞]	벙어리	아	贻[貽]	끼칠	이
牵[牽]	끌	견	显[顯]	나타날	현	铏[鉶]	술그릇	형
鸥[鷗]	갈매기	구	哒[噠]	오랑캐이름	달	钙[鈣]	칼슘	개
龑[龑]	고명할	엄	哓[嘵]	두려워할	요	钚[鈈]	플루토늄	부
残[殘]	해칠	잔	哔[嗶]	울	필	钛[鈦]	티타늄	태
殇[殤]	일찍 죽을	상	贵[貴]	귀할	귀	钘[鈃]	칼이름	야
轱[軲]	수레	고	虾[蝦]	새우	하	钝[鈍]	무딜	둔
轲[軻]	굴대	가	蚁[蟻]	개미	의	钞[鈔]	자폐	초
轳[轤]	도르래	로	蚂[螞]	말거머리	마	钟[鐘]	쇠북	종
轴[軸]	굴대	축	虽[雖]	비록	수	钟[鍾]	종	종
轶[軼]	앞지를	일	骂[罵]	욕할	매	钡[鋇]	바륨	패
轷[軤]	성	호	哕[噦]	방울소리	홰	钢[鋼]	강철	강
轸[軫]	수레뒤턱나무	진	剐[剮]	바를	과	纳[納]	나트륨	납
轹[轢]	삐걱거릴	력	郧[鄖]	나라이름	운	钥[鑰]	자물쇠	약
轺[軺]	수레	초	勋[勛]	공	훈	钤[鈐]	비녀장	검
轻[輕]	가벼을	경	哗[嘩]	시끄러울	화	钦[欽]	공경할	흠
鸦[鴉]	갈까마귀	아	响[響]	울림	향	钧[鈞]	서른 근	균
虿[蠆]	전갈	채	哙[噲]	목구멍	쾌	钨[鎢]	텅스텐	오
战[戰]	싸울	전	哝[噥]	소곤거릴	농	钩[鉤]	갈고랑이	구

간체자	뜻	음
钪[鈧]	스칸듐	강
钫[鈁]	되그릇	방
钬[鈥]	홀뮴	화
钮[鈕]	인꼭지	뉴
钯[鈀]	병거	파
毡[氈]	모전	전
氢[氫]	수소	경
选[選]	선택	선
适[適]	갈	적
种[種]	씨	종
秋[鞦]	그네	추
复[復]	돌아올	복
复[複]	겹칠	부
笃[篤]	도타울	독
俦[儔]	짝	주
俨[儼]	의젓할	엄
俩[倆]	들	량
俪[儷]	짝	려
贷[貸]	빌릴	대
顺[順]	순할	순
俭[儉]	검소할	검
剑[劍]	칼	검
鸧[鶬]	왜가리	창
须[須]	모름지기	수
须[鬚]	수염	수
胧[朧]	흐릿할	롱
胨[腖]	펩톤	동
胪[臚]	살갗	려
胆[膽]	쓸개	담
胜[勝]	이길	승
脉[脈]	이을	맥
胫[脛]	정강이	경
鸨[鴇]	능에	보
狭[狹]	좁을	협
狮[獅]	사자	사
独[獨]	홀로	독
狯[獪]	교활할	회
狱[獄]	옥	옥
狲[猻]	원숭이	손
贸[貿]	바꿀	무
饵[餌]	먹이	이
饶[饒]	넉넉할	요
蚀[蝕]	좀먹을	식
饷[餉]	건량	향
饴[飴]	떡	협
饹[餎]	굵은 국수	로
饺[餃]	경단	교
饻[餏]	화폐계산단위	의
饼[餅]	떡	병
峦[巒]	뫼	만
弯[彎]	굽을	만
孪[孿]	쌍둥이	련
娈[孌]	아름다울	련
将[將]	장차	장
奖[奬]	권면할	장
迹[跡]	자취	적
迹[蹟]	사적	적
疬[癧]	연주창	력
疮[瘡]	부스럼	창
疯[瘋]	두풍	풍
亲[親]	친할	친
飒[颯]	바람소리	삽
闺[閨]	도장방	규
闻[聞]	들을	문
闼[闥]	문	달
闽[閩]	종족이름	민
闾[閭]	이문	려
闿[闓]	열	개
阀[閥]	공훈	벌
阁[閣]	문설주	각
诤[閗]	버틸	쟁
阂[閡]	문 잠글	애
养[養]	기를	양
姜[薑]	생강	강
类[類]	무리	류
娄[婁]	별이름	루
总[總]	거느릴	총
炼[煉]	불릴	련
炽[熾]	성날	치
烁[爍]	빛날	삭
烂[爛]	문드러질	란
烃[烴]	탄화수소	경
洼[窪]	웅덩이	와
洁[潔]	깨끗할	결

洒[灑]	뿌릴	쇄	诬[誣]	무고할	무	垒[壘]	진	루
达[達]	미끄러울	달	语[語]	말씀	어	娅[婭]	동서	아
浃[浹]	두루 미칠	협	诮[誚]	꾸짖을	초	娆[嬈]	약할	뇨
浇[澆]	물 댈	요	误[誤]	그릇할	오	娇[嬌]	아리따울	교
浈[湞]	강이름	정	诰[誥]	고할	고	绑[綁]	동여맬	방
浉[溮]	강이름	사	诱[誘]	꾈	유	绒[絨]	융	융
浊[濁]	흐릴	탁	诲[誨]	가르칠	회	结[結]	맺을	결
测[測]	잴	측	诳[誑]	속일	광	绔[絝]	날랠	효
浍[澮]	봇도랑	회	说[說]	말씀	설	绕[繞]	두를	요
浏[瀏]	맑을	류	诵[誦]	욀	송	绖[絰]	질	질
济[濟]	건널	제	诶[誒]	탄식할	희	绘[繪]	그림	회
浐[滻]	강이름	산	袄[襖]	웃옷	오	绞[絞]	목맬	교
浑[渾]	흐릴	혼	祢[禰]	아비사당	네	统[統]	큰 줄기	통
浒[滸]	물가	호	鸩[鴆]	짐새	짐	绗[絎]	바느질할	행
浓[濃]	질을	농	垦[墾]	따비할	간	给[給]	넉넉할	급
浔[潯]	물가	심	昼[晝]	낮	주	绚[絢]	무늬	현
浕[濜]	급히 흐를	진	费[費]	쓸	비	绛[絳]	진홍	강
恸[慟]	서럽게 울	통	逊[遜]	겸손할	손	络[絡]	헌솜	락
恹[懨]	앓을	염	陨[隕]	떨어질	운	绝[絕]	끊을	절
恺[愷]	즐거울	개	险[險]	험할	험			
恻[惻]	슬퍼할	측	贺[賀]	하례	하			
恼[惱]	괴로워할	뇌	怼[懟]	원망할	대	**10획**		
恽[惲]	도타울	운	骁[驍]	날랠	효	艳[艷]	고울	염
举[舉]	들	거	骄[驕]	교만할	교	顼[頊]	삼갈	욱
觉[覺]	깨달을	각	骅[驊]	준마	화	珲[琿]	아름다운 옥	혼
宪[憲]	법	헌	骆[駱]	낙타	락	蚕[蠶]	누에	잠
窃[竊]	훔칠	절	骈[駢]	나란히할	변	顽[頑]	완고할	완
诫[誡]	경계할	계	骇[駭]	놀랄	해	盏[盞]	잔	잔
						载[載]	실을	재

간체[번체]	뜻	음
赶[趕]	달릴	간
盐[鹽]	소금	염
埘[塒]	홰	시
壎[塤]	질나팔	훈
埚[堝]	도가니	과
捞[撈]	잡을	로
捆[綑]	짤	곤
损[損]	덜	손
捡[撿]	단속할	검
贽[贄]	폐백	지
挚[摯]	잡을	지
热[熱]	더울	열
捣[搗]	찧을	도
壶[壺]	병	호
聂[聶]	소곤거릴	섭
莱[萊]	명아주	래
莲[蓮]	연밥	련
莳[蒔]	모종낼	시
莴[萵]	상추	와
获[獲]	얻을	획
获[穫]	거둘	확
恶[惡]	악할	악
芎[藭]	궁궁이	궁
莹[瑩]	밝을	영
莺[鶯]	꾀꼬리	앵
鸪[鴣]	자고	고
莼[蓴]	순채	순
栖[棲]	쉴	서
桡[橈]	굽을	뇨
桢[楨]	광나무	정
档[檔]	문서	당
桤[榿]	오리나무	기
桥[橋]	다리	교
桦[樺]	자작나무	화
桧[檜]	노송나무	회
桩[樁]	말뚝	장
样[樣]	모양	양
贾[賈]	장사	고
逦[邐]	거친 숫돌	려
唇[脣]	놀란	진
砺[礪]	거친 숫돌	려
砾[礫]	조약돌	력
础[礎]	주춧돌	초
砻[礱]	갈	롱
顾[顧]	돌아볼	고
轼[軾]	수레앞턱가로나무	식
轻[輕]	숨은수레	지
轿[轎]	가마	교
辂[輅]	수레	로
较[較]	견줄	교
鸫[鶇]	지빠귀	동
顿[頓]	조아릴	돈
尵[蕫]	거룻배	돈
毙[斃]	넘어질	폐
致[緻]	찬찬할	치
龀[齔]	이갈	츤
鸬[鸕]	가마우지	로
虑[慮]	생각할	려
监[監]	살필	감
紧[緊]	굳게 얽을	긴
党[黨]	무리	당
唛[嘜]	음역자	마
哄[嗊]	음역자	홍
唠[嘮]	떠들썩할	로
唡[啢]	떠들썩할	로
唢[嗩]	날나리	쇄
喎[喎]	입 비뚤어질	와
鸭[鴨]	오리	압
鸮[鴞]	부엉이	효
晒[曬]	쬘	쇄
晓[曉]	새벽	효
晔[曄]	빛날	엽
晕[暈]	무리	훈
蚬[蜆]	가막조개	현
鸯[鴦]	원앙	앙
崂[嶗]	산이름	로
崃[崍]	산이름	래
罢[罷]	방면할	파
圆[圓]	둥글	원
觊[覬]	바랄	기
贼[賊]	도둑	적
贿[賄]	뇌물	회
赂[賂]	뇌물 줄	뢰
赃[贜]	장물	장

赅[賅]	족할	해
钰[鈺]	보배	옥
钱[錢]	돈	전
钲[鉦]	징	정
钳[鉗]	칼	겸
钴[鈷]	다리미	고
钵[鉢]	바리때	발
钶[錒]	콜럼뮴	아
钜[鉅]	프로메튬	파
钹[鈸]	방울	발
钺[鉞]	도끼	월
钻[鑽]	뚫을	찬
钼[鉬]	몰리브덴	목
钽[鉭]	탄탈	단
钾[鉀]	갑옷	갑
铀[鈾]	우라늄	유
钿[鈿]	동전	전
铁[鐵]	쇠	철
铂[鉑]	금박	박
铃[鈴]	방울	령
铄[鑠]	녹일	삭
铅[鉛]	납	연
铆[鉚]	쇠	류
铈[鈰]	세륨	시
铉[鉉]	솥귀	현
铊[鉈]	분동	사
	분동	타
铋[鉍]	창 자루	필

铌[鈮]	니오브	니
铍[鈹]	바늘	피
钹[鏺]	낫	발
铎[鐸]	방울	탁
氩[氬]	아르곤	아
牺[犧]	희생	희
敌[敵]	원수	적
积[積]	쌓을	적
称[稱]	일컬을	칭
筧[筧]	대홈통	견
笔[筆]	붓	필
笋[筍]	풀이름	순
债[債]	빚	채
借[籍]	깔개	자
倾[傾]	기울	경
赁[賃]	품팔이	임
顼[頊]	헌걸찰	기
徕[徠]	올	래
舰[艦]	싸움배	함
舱[艙]	선창	창
耸[聳]	솟을	용
爱[愛]	사랑	애
鸰[鴒]	할미새	령
颁[頒]	나눌	반
脍[膾]	회	회
脏[臟]	오장	장
脏[髒]	꼬장꼬장할	장
脐[臍]	배꼽	제

脑[腦]	뇌	뇌
胶[膠]	아교	교
脓[膿]	고름	농
鸱[鴟]	소리개	치
玺[璽]	옥새	사
鲖[魛]	웅어	도
鸲[鴝]	구관조	구
猃[獫]	오랑캐이름	험
鸵[鴕]	타조	타
袅[裊]	간드러질	뇨
鸳[鴛]	원앙	원
皱[皺]	주름	추
饽[餑]	떡	발
饿[餓]	주릴	아
馁[餒]	주릴	뇌
栾[欒]	나무이름	란
挛[攣]	걸릴	련
恋[戀]	사모할	련
桨[槳]	상앗대	장
浆[漿]	마음	장
席[蓆]	클	석
症[癥]	적취	징
痈[癰]	악창	옹
痉[痙]	심줄 땅길	경
准[準]	수준기	준
离[離]	떨어질	리
颃[頏]	새 날아 내릴	항
资[資]	재물	자

竞[競]	겨룰	경	涌[湧]	물 솟을	용	谇[誶]	욕할	수
阃[閫]	문지방	곤	悭[慳]	아낄	간	谈[談]	말씀	담
阃[闍]	버릴	좌	悯[憫]	근심할	민	谊[誼]	옳을	의
阄[鬮]	제비	구	宽[寬]	너그러울	관	谉[讅]	살필	심
阅[閱]	검열할	열	家[傢]	가구	가	恳[懇]	정성	간
阆[閬]	솟을대문	랑	宾[賓]	손	빈	剧[劇]	심할	극
郸[鄲]	조나라 서울	단	窍[竅]	구멍	규	娲[媧]	여신	과
烦[煩]	괴로워할	번	窅[窵]	그윽할	조		여신	와
烧[燒]	사를	소		으슥할	조	娴[嫻]	우아할	한
烛[燭]	촛불	촉	请[請]	청할	청	难[難]	어려울	난
烨[燁]	빛날	엽	诸[諸]	모든	제	预[預]	미리	예
烩[燴]	모아 끓일	회	诹[諏]	꾀할	추	骊[驪]	가라말	려
炘[燼]	깜부기불	신	诺[諾]	대답할	낙	骋[騁]	달릴	빙
递[遞]	갈마들	체	诼[諑]	헐뜯을	착	验[驗]	증험할	험
涛[濤]	큰 물결	도	读[讀]	읽을	독	骎[駸]	말달릴	침
涝[澇]	큰 물결	로	诽[誹]	헐뜯을	비	骏[駿]	준마	준
涞[淶]	강이름	래	袜[襪]	버선	말	绠[綆]	두레박줄	경
涟[漣]	물놀이	련	祯[禎]	상서	정	绡[綃]	생사	초
涠[潿]	지명	위	课[課]	매길	과	绢[絹]	명주	견
涢[溳]	강이름	운	诿[諉]	번거롭게 할	위	绣[綉]	수놓을	수
涡[渦]	소용돌이	와	谀[諛]	아첨할	유	绣[繡]	놓을	수
涂[塗]	진흙	도	谁[誰]	누구	수	绥[綏]	편안할	수
涤[滌]	씻을	척	谂[諗]	고할	심	绦[縧]	끈	조
润[潤]	젖을	윤	调[調]	고를	조	继[繼]	이을	계
涧[澗]	산골물	간		뽑힐	조	绨[綈]	깁	제
涨[漲]	불을	창	谄[諂]	아첨할	첨	鸶[鷥]	해오라기	사
烫[燙]	데울	탕	谅[諒]	믿을	량			
涩[澀]	떫을	삽	谆[諄]	타이를	순			

11획

한자	뜻	음
焘[燾]	비출	도
琎[璡]	옥돌	진
琏[璉]	호련	련
琐[瑣]	자질구레할	쇄
麸[麩]	밀기울	부
壸[壺]	대궐안길	곤
悫[愨]	삼갈	각
掳[擄]	사로잡을	로
捆[綑]	칠	곡
鸷[鷙]	맹금	지
掷[擲]	던질	척
据[據]	의거할	거
掺[摻]	가질	삼
掼[摜]	익숙해질	관
	내던질	관
职[職]	벼슬	직
聍[聹]	귀지	녕
萚[蘀]	낙엽	탁
勚[勩]	수고로울	예
萝[蘿]	소나무겨우살이	라
萤[螢]	개똥벌레	형
营[營]	경영할	영
萦[縈]	얽힐	영
萧[蕭]	맑은 대쑥	소
萨[薩]	보살	살
梦[夢]	꿈	몽
觋[覡]	박수	격
检[檢]	봉함	검
棂[欞]	격자창	령
啬[嗇]	아낄	색
匮[匱]	다할	궤
酝[醞]	빚을	온
厣[厴]	조개껍질	염
硕[碩]	클	석
硖[硤]	고을이름	협
硗[磽]	메마른 땅	교
硙[磑]	쌀을	외
	맷돌	애
硚[礄]	땅이름	교
鸸[鴯]	새이름	이
聋[聾]	귀머거리	롱
龚[龔]	공손할	공
袭[襲]	엄습할	습
䴕[鴷]	딱따구리	렬
殒[殞]	죽을	운
殓[殮]	염할	렴
赉[賚]	줄	뢰
辄[輒]	문득	첩
辅[輔]	덧방나무	보
辆[輛]	수레	량
堑[塹]	구덩이	참
颅[顱]	머리뼈	로
啧[嘖]	외칠	책
啭[囀]	지저귈	전
啮[嚙]	깨물	교
悬[懸]	매달	현
跃[躍]	뛸	약
跄[蹌]	비틀거릴	창
蛎[蠣]	굴	려
蛊[蠱]	독	고
蛏[蟶]	긴맛	정
累[纍]	맬	루
啰[囉]	노래 꺾일	라
啸[嘯]	휘파람불	소
帻[幘]	건	책
崭[嶄]	높을	참
逻[邏]	돌	라
帼[幗]	머리장식	귁
赈[賑]	구휼할	진
婴[嬰]	갓난아이	영
赊[賒]	외상으로 살	사
铏[鉶]	국그릇	형
铐[銬]	쇠고랑	고
铑[銠]	로듐	로
铒[鉺]	갈고랑이	이
铓[鋩]	칼끝	망
铕[銪]	유로퓸	유
铗[鋏]	집게	협
铙[鐃]	징	뇨
铛[鐺]	쇠사슬	당
铝[鋁]	줄	려
铜[銅]	구리	동
铞[銱]	걸쇠	조

铟[銦] 인듐 인	笼[籠] 대그릇 롱	馆[館] 객사 관
铠[鎧] 갑옷 개	축축해질 롱	鸾[鸞] 난새 란
铡[鍘] 작두 찰	笾[籩] 제기이름 변	麻[蔴] 삼 마
铢[銖] 무게단위 수	偾[僨] 넘어질 분	庼[廎] 작은 마루 경
铣[銑] 끌 선	鸺[鵂] 수리부엉이 휴	痒[癢] 가려울 양
铥[銩] 틀룸 주	偿[償] 갚을 상	鹒[鵁] 해오라기 교
铤[鋌] 쇳덩이 정	偻[僂] 구부릴 루	镟[鏇] 돌릴 선
铧[鏵] 가래 화	躯[軀] 몸 구	阈[閾] 문지방 역
铨[銓] 저울질할 전	皑[皚] 흴 애	阉[閹] 내시 엄
铩[鎩] 창 쇄	衅[釁] 피바를 흔	阊[閶] 천문 창
铪[鉿] 하프늄 합	鸻[鴴] 참새 행	阋[鬩] 다툴 혁
铫[銚] 가래 조	衔[銜] 재갈 함	阌[閿] 땅이름 문
铭[銘] 새길 명	舻[艫] 뱃머리 로	阍[閽] 문지기 혼
铬[鉻] 크롬 각	盘[盤] 소반 반	阎[閻] 이문 염
铮[錚] 쇳소리 쟁	鸼[鵃] 산비둘기 주	阏[閼] 가로막을 알
铯[銫] 세슘 색	鸽[鴿] 집비둘기 합	阐[闡] 열 천
铰[鉸] 가위 교	龛[龕] 감실 감	羟[羥] 양이름 간
铱[銥] 이리듐 의	敛[斂] 거둘 렴	盖[蓋] 덮을 개
铲[鏟] 깎을 산	领[領] 옷깃 령	粝[糲] 현미 려
铳[銃] 총 총	脶[腡] 손가락 끝 라	断[斷] 끊을 단
铵[銨] 암모늄 안	脸[臉] 뺨 검	兽[獸] 짐승 수
银[銀] 은 은	猎[獵] 사냥 렵	焖[燜] 뜸들인 민
铷[銣] 루비듐 여	猫[貓] 고양이 묘	渍[漬] 담글 지
矫[矯] 바로잡을 교	猡[玀] 오랑캐이름 라	鸿[鴻] 큰 기러기 홍
鸹[鴰] 재두루미 괄	猕[獼] 원숭이 미	渎[瀆] 도랑 독
秸[稭] 짚고갱이 개	馃[餜] 떡 과	渐[漸] 점점 점
秽[穢] 더러울 예	馄[餛] 떡 혼	渑[澠] 강이름 승
笺[箋] 찌지 전	馅[餡] 소 함	고을이름 민

渊[淵]	못		연
渔[漁]	고기 잡을		어
淀[澱]	앙금		전
惬[愜]	스밀		삼
慚[慚]	쾌활		협
鸿[鴻]	부끄러워할		참
惧[懼]	두려워할		구
惊[驚]	놀랄		경
惮[憚]	꺼릴		탄
惨[慘]	참혹할		참
惯[慣]	버릇		관
祷[禱]	빌		도
祸[禍]	재화		화
裆[襠]	잠방이		당
鞍[鞎]	틀		군
谌[諶]	참		심
谋[謀]	꾀할		모
谍[諜]	염탐할		첩
谎[謊]	속일		황
谏[諫]	간할		간
谐[諧]	화할		해
谑[謔]	희롱거릴		학
谒[謁]	아뢸		알
谓[謂]	이를		위
谔[諤]	곧은 말할		악
谕[諭]	깨우칠		유
谖[諼]	속일		훤
谗[讒]	참소할		참

谘[諮]	물을		자
谙[諳]	욀		암
谚[諺]	상말		언
谛[諦]	살필		체
谜[謎]	수수께끼		미
谝[諞]	말 교묘히 할		편
谞[諝]	슬기		서
弹[彈]	탄알		탄
	튀길		탄
堕[墮]	떨어질		타
随[隨]	따를		수
隐[隱]	숨길		은
粜[糶]	쌀 내어 팔		조
婳[嫿]	정숙할		획
婵[嬋]	고울		선
婶[嬸]	숙모		심
颇[頗]	자못		파
颈[頸]	목		경
骐[騏]	털총이		기
骑[騎]	말탈		기
骒[騍]	암말		과
骓[騅]	오추마		추
骖[驂]	곁마		참
绩[績]	실 낳을		적
绪[緒]	실마리		서
绫[綾]	비단		릉
续[續]	이을		속
绮[綺]	비단		기

绯[緋]	붉은빛		비
绰[綽]	너그러울		작
绲[緄]	띠		곤
绳[繩]	줄		승
维[維]	바		유
绵[綿]	이어질		면
绶[綬]	이끈		수
绷[繃]	묶을		붕
绸[綢]	얽을		주
绺[綹]	끈목		류
绻[綣]	정다운		권
综[綜]	잉아		종
绽[綻]	옷 터질		탄
绾[綰]	얽을		관
绿[綠]	초록빛		록
缀[綴]	꿰맬		철
缁[緇]	검은 비단		치

12획

靓[靚]	단장할		정
琼[瓊]	옥		경
辇[輦]	손수레		련
鼋[黿]	자라		원
趋[趨]	달릴		추
揽[攬]	잡을		람
颉[頡]	곧은 목		힐
揿[撳]	누를		흠
揾[搵]	찌를		참

한자	뜻	음
蛰[蟄]	숨을	칩
絷[縶]	맬	집
搁[擱]	놓을	각
搂[摟]	끌어 모을	루
搅[攪]	어지러울	교
联[聯]	잇달	련
蒇[蕆]	경계할	천
蒉[蕢]	삼태기	궤
蒋[蔣]	줄	장
蒌[蔞]	쑥	루
韩[韓]	나라이름	한
椟[櫝]	함	독
椤[欏]	돌배나무	라
赍[賫]	가져갈	재
椭[橢]	길쭉할	타
鹁[鵓]	집비들기	발
鹂[鸝]	꾀꼬리	리
觌[覿]	볼	적
硷[鹼]	소금기	감
	잿물	감
确[確]	굳을	확
詟[讋]	두려워할	섭
殚[殫]	다할	탄
颊[頰]	뺨	협
雳[靂]	벼락	력
辊[輥]	빨리 구를	곤
辋[輞]	바퀴 테	망
椠[槧]	판	참
暂[暫]	잠시	잠
辍[輟]	그칠	철
辎[輜]	짐수레	치
翘[翹]	꼬리 긴 깃털	교
辈[輩]	무리	배
凿[鑿]	뚫을	착
辉[輝]	빛날	휘
赏[賞]	상줄	상
睐[睞]	한눈팔	래
睑[瞼]	눈꺼풀	검
喷[噴]	뿜을	분
畴[疇]	밭두득	주
践[踐]	밟을	천
遗[遺]	끼칠	유
蛱[蛺]	나비	협
蛲[蟯]	요충	요
蛳[螄]	다슬기	사
蛴[蠐]	굼벵이	제
鹃[鵑]	두견이	견
喽[嘍]	시끄러울	루
嵘[嶸]	가파를	영
嵌[嵌]	높고 험할	금
嵝[嶁]	봉우리	루
赋[賦]	구실	부
腈[腈]	받을	청
赌[賭]	걸	도
赎[贖]	속바칠	속
赐[賜]	줄	사
赒[賙]	진휼할	주
赔[賠]	물어줄	배
赕[賧]	속바칠	탐
铸[鑄]	쇠 부어 만들	주
铹[鐒]	놋그릇	로
铺[鋪]	가게	포
	펼	포
铼[錸]	레늄	래
铽[鋱]	테르븀	특
链[鏈]	쇠사슬	련
铿[鏗]	금속소리	갱
销[銷]	녹일	소
锁[鎖]	쇠사슬	쇄
铤[鋌]	칼갈	정
锄[鋤]	호미	서
锂[鋰]	리튬	리
锅[鍋]	노구솥	과
锆[鋯]	지르코늄	고
锇[鋨]	오스뮴	아
锈[鏽]	녹슬	수
锈[鏽]	녹	수
锉[銼]	가마	좌
锋[鋒]	칼끝	봉
锌[鋅]	아연	신
锎[鐦]	칼리포르늄	개
钎[釬]	쇳덩이	간
锐[銳]	날카로울	예
锑[銻]	안티몬	제

한자	뜻	음
锒[鋃]	사슬	랑
锓[鋟]	새길	침
锔[鋦]	큐륨	국
锕[錒]	악티늄	아
犊[犢]	송아지	독
鹄[鵠]	고니	곡
	과녁	곡
鹅[鵝]	거위	아
颋[頲]	곧을	정
筑[築]	쌓을	축
筚[篳]	울타리	필
筛[篩]	체	사
牍[牘]	편지	독
傥[儻]	빼어날	당
傧[儐]	인도할	빈
储[儲]	쌓을	저
傩[儺]	역귀 쫓을	나
惩[懲]	혼날	징
御[禦]	막을	어
颌[頜]	귀밑 뼈	합
释[釋]	풀	석
鸲[鴝]	구관조	욕
腊[臘]	납향	랍
腘[膕]	오금	괵/국
鱿[魷]	오징어	우
鲁[魯]	노둔할	로
鲂[魴]	방어	방
颍[潁]	강이름	영
飓[颶]	구풍	구
觞[觴]	잔	상
惫[憊]	고달플	비
馇[餷]	끓일	사
馈[饋]	먹일	궤
馉[餶]	고기만두	골
馊[餿]	쉴	수
馋[饞]	탐할	참
亵[褻]	더러울	설
装[裝]	꾸밀	장
蛮[蠻]	오랑캐	만
脔[臠]	저민 고기	련
瘆[瘮]	중독	로
痫[癇]	경풍	간
赓[賡]	이을	갱
颏[頦]	턱	해
鹇[鷳]	소리개	한
阑[闌]	가로막을	란
阒[闃]	고요할	격
阔[闊]	트일	활
阕[闋]	문닫을	결
	마칠	계
粪[糞]	똥	분
鹈[鵜]	사다새	제
窜[竄]	숨을	찬
窝[窩]	움집	와
喾[嚳]	제왕이름	곡
愤[憤]	결낼	분
愦[憒]	심란할	궤
滞[滯]	막힐	체
湿[濕]	축축할	습
溃[潰]	무너질	궤
溅[濺]	흩뿌릴	천
溇[漊]	강이름	루
湾[灣]	물굽이	만
雇[僱]	픔살	고
裢[褳]	전대	련
裣[襝]	옷깃 여밀	첩
裤[褲]	바지	고
裥[襇]	치맛주름	간
禅[禪]	고요할	선
	봉선	선
谟[謨]	꾀	모
谠[讜]	곧을말	당
谡[謖]	일어날	속
谢[謝]	사례할	사
谣[謠]	노래	요
谤[謗]	헐뜯을	방
谥[諡]	시호	시
谦[謙]	겸손할	겸
谧[謐]	고요할	밀
属[屬]	무리	속
	이을	촉
屡[屢]	여러	루
骘[騭]	수말	즐
硫[磺]	수황기	규

간체[번체]	뜻	음
毵[毿]	털길	삼
翚[翬]	훨훨 날	휘
骛[騖]	달릴	무
骗[騙]	속일	편
骚[騷]	떠들	소
缂[緙]	꿰맬	격
缃[緗]	담황색	상
缄[緘]	봉할	함
缅[緬]	가는 실	면
缆[纜]	닻줄	람
缇[緹]	붉은 비단	제
缈[緲]	아득할	묘
缉[緝]	낳을	집
	자을즙	즙
缊[縕]	어지러울	온
缌[緦]	시마복	시
缎[緞]	비단	단
缑[緱]	칼자루 감을	구
缓[緩]	느릴	완
缒[縋]	매어달	추
缔[締]	맺을	체
缕[縷]	실	루
编[編]	엮을	편
缗[緡]	낚싯줄	민
缘[緣]	연줄	연
飨[饗]	잔치할	향

13획

간체[번체]	뜻	음
耢[耮]	고무래	로
鹉[鵡]	앵무새	무
鶄[鶄]	해오라기	청
韫[韞]	감출	온
骜[驁]	준마	오
摄[攝]	당길	섭
摅[攄]	펼	터
摆[擺]	열릴	파
裶[襬]	마피	피
赪[赬]	붉을	정
摈[擯]	물리칠	빈
摊[攤]	펼	탄
鹊[鵲]	까치	작
蓝[藍]	쪽	람
蓦[驀]	말탈	맥
鹋[鶓]	새이름	묘
蓟[薊]	삽주	계
蒙[矇]	청맹과니	몽
蒙[濛]	가랑비올	몽
蒙[懞]	어두울	몽
颐[頤]	턱	이
献[獻]	바칠	헌
蓣[蕷]	참마	여
榄[欖]	감람나무	람
榇[櫬]	널	춘
榈[櫚]	종려나무	려
楼[樓]	다락	루

간체[번체]	뜻	음
榉[櫸]	느티나무	거
赖[賴]	힘입을	뢰
碛[磧]	서덜	적
碍[礙]	거리낄	애
碜[磣]	모래 섞일	참
鹌[鵪]	메추리	암
尴[尲]	껄끄러울	감
殨[殨]	궤양	궤
雾[霧]	안개	무
辏[輳]	모일	주
辐[輻]	바퀴살	복
辑[輯]	모일	집
输[輸]	나를	수
频[頻]	자주	빈
龃[齟]	어긋날	저
龄[齡]	나이	령
龅[齙]	뻐드렁니	포
龆[齠]	이갈	초
鉴[鑒]	거울	감
韪[韙]	바를	위
嗫[囁]	소곤거릴	섭
跷[蹺]	발돋움할	교
跸[蹕]	길치울	필
跻[躋]	오를	제
跹[躚]	춤출	선
蜗[蝸]	달팽이	와
嗳[噯]	슴	애
	어머나	애

한자	뜻	음
賵[賵]	보낼	봉
锗[鍺]	게르마늄	저
错[錯]	섞일	착
锘[鍩]	노벨륨	낙
锚[錨]	닻	묘
锛[錛]	자귀	분
锝[鍀]	테크네튬	득
锞[錁]	덩어리	과
锟[錕]	붉은 쇠	곤
锡[錫]	주석	석
	줄	사
锢[錮]	땜질할	고
锣[鑼]	징	라
锤[錘]	저울추	추
锥[錐]	송곳	추
锦[錦]	비단	금
锧[鑕]	모루	질
锨[鍁]	삽	흔
锫[錇]	대못	부
锭[錠]	제기이름	정
键[鍵]	열쇠	건
锯[鋸]	톱	거
锰[錳]	맹간	맹
锱[錙]	저울눈	치
辞[辭]	말	사
颓[頹]	무너질	퇴
穇[穇]	피	삼
筹[籌]	투호 살	주
签[簽]	농	첨
签[籤]	제비	첨
简[簡]	대쪽	간
觎[覦]	넘겨다볼	유
颔[頷]	턱	함
	끄덕일	암
腻[膩]	기름질	니
鹏[鵬]	대붕새	붕
腾[騰]	오를	등
鲅[鮁]	삼치	발
鲆[鮃]	넙치	평
鲇[鮎]	메기	점
鲈[鱸]	농어	로
鲊[鮓]	젓	자
稣[穌]	소생할	소
鲋[鮒]	붕어	부
鲫[鯽]	얼룩고기	인
鲍[鮑]	절인어물	포
鲏[鮍]	납줄개	피
鲐[鮐]	복	태
颖[穎]	이삭	영
鹐[鵮]	쪼을	감
飔[颸]	양풍	시
飕[颼]	바람소리	수
触[觸]	닿을	촉
雏[雛]	병아리	추
馎[餺]	수제비	박
馍[饃]	찐빵	모
馏[餾]	찔	류
馐[饈]	반찬	수
酱[醬]	젓갈	장
鹑[鶉]	메추라기	순
痴[癡]	어리석을	치
瘅[癉]	앓을	단
瘆[瘮]	무서울	삼
鹒[鶊]	꾀꼬리	경
韵[韻]	운	운
阖[闔]	문짝	합
阗[闐]	성할	전
阙[闕]	대궐	궐
誊[謄]	베낄	등
粮[糧]	양식	량
数[數]	셀	수
	숫자	수
滟[灧]	출렁거릴	염
溻[溻]	강이름	섭
满[滿]	찰	만
滤[濾]	거를	려
滥[濫]	퍼질	람
笔[筆]	거를	필
滦[灤]	새어 흐를	란
漓[灕]	스며들	리
滨[濱]	물가	빈
滩[灘]	여물	탄
濒[瀕]	강이름	예
慑[懾]	두려워할	섭

誉[譽]	기릴	예	缢[縊]	목맬	액	辕[轅]	끌채	원
鲎[鱟]	참게	후	缣[縑]	합사비단	겸	辖[轄]	비녀장	할
骞[騫]	이지러질	건	缤[繽]	어지러울	빈	辗[輾]	구를	전
寝[寢]	잠잘	침				龇[齜]	이갈	재
窥[窺]	엿볼	규	**14획**			龈[齦]	잇몸	은
窦[竇]	구멍	두	瑷[璦]	옥이름	애	鹍[鶪]	때까치	격
谨[謹]	삼갈	근	赘[贅]	혹	췌	颗[顆]	낟알	과
谩[謾]	속일	만	觏[覯]	만날	구	瞜[瞜]	주사할	루
	업신여길	만	韬[韜]	감출	도	暧[曖]	가릴	애
谪[謫]	귀양 갈	적	叆[靉]	구름 낄	애	鹖[鶡]	새이름	할
谫[謭]	얕을	전	墙[墻]	담	장	踌[躊]	머뭇거릴	주
谬[謬]	못될	류	撄[攖]	다가설	영	踊[踴]	뛸	용
辟[闢]	열	벽	蔷[薔]	장미	장	蜡[蠟]	밀	랍
骝[騮]	월따말	류	蔑[衊]	모독할	멸	蝈[蟈]	청개구리	괵
骗[騙]	불깔	선	蔹[蘞]	거지덩굴	렴	蝇[蠅]	파리	승
嫒[嬡]	계집	애	蔺[藺]	골풀	린	蝉[蟬]	매미	선
嫔[嬪]	아내	빈	蔼[藹]	우거질	애	鹗[鶚]	물수리	악
缙[縉]	꽂을	진	鹕[鶘]	사다새	호	嘤[嚶]	새소리	앵
缜[縝]	촘촘할	진	槚[檟]	개오동나무	가	罴[羆]	큰곰	비
缚[縛]	묶을	박	槛[檻]	우리	함	赙[賻]	부의	부
缛[縟]	화문 놓을	욕	槟[檳]	빈랑나무	빈	罂[罌]	양병	앵
辔[轡]	고삐	비	槠[櫧]	종가시나무	저	赚[賺]	속일	잠/렴
缝[縫]	꿰맬	봉	酽[釅]	진할	엄	鹘[鶻]	송골매	골
	솔기	봉	酾[釃]	거를	시	锲[鍥]	새길	계
缞[縗]	상복이름	최	酿[釀]	빚을	양	锴[鍇]	쇠	개
缟[縞]	명주	호	霁[霽]	갤	제	锶[鍶]	스트론튬	사
缠[纏]	얽힐	전	愿[願]	원할	원	锹[鍬]	가래	초
缡[縭]	신꾸미개	리	殡[殯]	염할	빈	锸[鍤]	가래	삽

锻[鍛]	쇠불릴	단
鎪[鎪]	아로새길	수
锾[鍰]	무게단위	환
锵[鏘]	금옥 소리	장
锿[鎄]	아인슈타이늄	애
镀[鍍]	도금할	도
镁[鎂]	마그네슘	미
镂[鏤]	새길	루
镃[鎡]	호미	자
镄[鐨]	페르뮴	비
镅[鎇]	아메리슘	미
鹙[鶖]	무수리	추
稳[穩]	평온할	온
箦[簀]	평상	책
箧[篋]	상자	협
箨[籜]	대거플	탁
箩[籮]	광주리	라
箪[簞]	대광주리	단
箓[籙]	책상자	록
箫[簫]	퉁소	소
舆[輿]	수레	여
膑[臏]	종지뼈	빈
鲑[鮭]	복	규
鲒[鮚]	대합	길
鲔[鮪]	다랑어	유
鲖[鮦]	가물치	동
鲗[鰂]	오징어	즉
鲙[鱠]	회	회

鲚[鱭]	갈치	제
鲛[鮫]	상어	교
鲜[鮮]	고울	선
鲟[鱘]	칼철갑상어	상
飗[飀]	바람소리	류
馑[饉]	흉년 들	근
馒[饅]	만두	만
銮[鑾]	방울	란
瘞[瘞]	묻을	예
瘘[瘻]	부스럼	루
阚[闞]	바라볼	감
鲝[鮺]	담글	자
鲞[鯗]	건어	상
糁[糝]	나물죽	삼
鹚[鷀]	가마우지	자
潇[瀟]	강이름	소
潋[瀲]	넘칠	렴
潍[濰]	강이름	유
赛[賽]	굿할	새
窭[窶]	가난할	구
褯[襋]	끈	괴
褛[褸]	남루할	루
谭[譚]	이야기	담
谮[譖]	참소할	참
谯[譙]	망루	초
谰[讕]	헐뜯을	란
谱[譜]	계보	보
谲[譎]	속일	휼

鹛[鶥]	멧새	미
嫱[嫱]	궁녀	장
鹜[鶩]	집오리	목
骠[驃]	표절할	표
骡[騾]	노새	라
骢[驄]	총이말	총
缥[縹]	옥색	표
缦[縵]	무늬 없을	만
缧[縲]	포승	류
缨[纓]	갓끈	영
缩[縮]	다스릴	축
缪[繆]	삼 열 단	무
缫[繅]	고치 켤	소

15획

耧[耬]	씨 뿌리는 기구	루
璎[瓔]	구슬목걸이	영
霴[靆]	구름 낄	체
撵[攆]	쫓을	련
撷[擷]	딸	힐
撺[攛]	던질	찬
聩[聵]	귀머거리	외
聪[聰]	귀 밝을	총
觐[覲]	뵐	근
鞑[韃]	종족이름	달
鞒[鞽]	말안장	교
蕲[蕲]	풀이름	기

赜[賾]	깊숙할	색	镍[鎳]	니켈	니	齑[齏]	회	제
蕴[蘊]	쌓을	온	镎[鎿]	냅투륨	나	颜[顏]	얼굴	안
樯[檣]	돛대	장	镏[鎦]	도금할	류	鹣[鶼]	비익조	겸
樱[櫻]	앵두나무	앵	镐[鎬]	호경	호	鲨[鯊]	문절망둑	사
飘[飄]	회오리바람	표	镑[鎊]	꺾을	방	澜[瀾]	물결	란
厣[靨]	보조개	엽	镒[鎰]	증량	일	额[額]	이마	액
魇[魘]	가위늘림	염	镓[鎵]	갈륨	가	谳[讞]	죄 의논할	언
餍[饜]	물릴	염	镔[鑌]	강철	빈	褴[襤]	누더기	람
霉[黴]	곰팡이	미	镐[鎬]	벨	삼	谴[譴]	꾸짖을	견
辘[轆]	도르래	록	簣[簣]	삼태기	궤	谵[譫]	헛소리	섬
龉[齬]	어긋날	어	篓[簍]	대 채롱	루	鹤[鶴]	학	학
龊[齪]	악착할	착	鹈[鷉]	농병아리	제	屦[屨]	신	구
觑[覷]	엿볼	처	鹡[鶺]	할미새	척	缬[纈]	홀치기염색	힐
瞒[瞞]	속일	만	鹞[鷂]	익더귀	요	缭[繚]	감길	료
题[題]	표제	제	鲠[鯁]	생선뼈	경	缮[繕]	기울	선
颙[顒]	공경할	옹	鲡[鱺]	뱀장어	리	缯[繒]	비단	증
踬[躓]	넘어질	지	鲢[鰱]	연어	련			
踯[躑]	머뭇거릴	척	鳢[鱧]	가물치	견			
蝾[蠑]	영원	영	鲥[鰣]	준치	시			
蝼[螻]	땅강아지	루	鲤[鯉]	잉어	리	**16획**		
噜[嚕]	아까워할	로	鲦[鰷]	피라미	조	耰[耰]	써레	파
嘱[囑]	부탁할	촉	鲧[鯀]	물고기이름	곤	擞[擻]	버릴	수
颛[顓]	전달할	전	鳏[鰥]	산천어	혼	颞[顳]	관자놀이	섭
镊[鑷]	족집게	섭	鲫[鯽]	붕어	즉	颟[顢]	얼굴 클	만
镇[鎮]	진압할	진	馓[饊]	밥풀과자	산	薮[藪]	늪	수
镉[鎘]	카드뮴	격	馔[饌]	반찬	찬	颠[顛]	꼭대기	전
镋[钂]	종고소리	당	瘪[癟]	꺼질	별	橹[櫓]	방패	로
镌[鎸]	새길	전	瘫[癱]	사지 틀릴	탄	橼[櫞]	구연	연
						鹥[鷖]	갈매기	예
						赝[贗]	옳지 않을	안

한자	뜻	음
飆[飆]	폭풍	표
豶[豶]	불깐 돼지	분
鏨[鏨]	끌	참
轍[轍]	바퀴자국	철
轔[轔]	수레소리	린
醝[醝]	소금	차
蟎[蟎]	진드기	만
鸚[鸚]	앵무새	앵
贈[贈]	보낼	증
鐯[鐯]	괭이	작
鏢[鏢]	칼끝	표
鏜[鏜]	종고소리	당
鏝[鏝]	흙손	만
鏰[鏰]	동전	붕
鏞[鏞]	종	용
鏡[鏡]	거울	경
鏑[鏑]	살촉	적
鏃[鏃]	살촉	촉
氈[氈]	모직물	로
贊[贊]	도울	찬
穡[穡]	거둘	색
籃[籃]	바구니	람
籬[籬]	울타리	리
魍[魍]	도깨비	량
鯖[鯖]	청어	청
鯪[鯪]	천산갑	릉
鯫[鯫]	뱅어	추
鯡[鯡]	곤이	비

한자	뜻	음
鯤[鯤]	곤이	곤
鯧[鯧]	병어	창
鯢[鯢]	도롱뇽	예
鯰[鯰]	메기	염
鯛[鯛]	도미	조
鯨[鯨]	고래	경
鯔[鯔]	숭어	치
獺[獺]	수달	달
鷓[鷓]	자고	자
癭[癭]	혹	영
癮[癮]	두드러기	은
斕[斕]	문채	란
辯[辯]	말 잘할	변
瀨[瀨]	여울	뢰
瀕[瀕]	물가	빈
懶[懶]	게으를	란
黌[黌]	글방	횡
鷚[鷚]	종달새	류
顙[顙]	이마	상
繮[繮]	고삐	강
繾[繾]	곡진할	견
繰[繰]	고치 켤	소
繯[繯]	얽을	현
繳[繳]	얽힐	교

17획

한자	뜻	음
蘚[蘚]	이끼	선
鷦[鷦]	굴뚝새	료

한자	뜻	음
齲[齲]	충치	우
齷[齷]	악착할	악
矚[矚]	볼	촉
蹣[蹣]	비틀거릴	반
躡[躡]	밟을	섭
蠨[蠨]	갈거미	소
㘎[㘎]	으르렁거릴	감
羈[羈]	굴레	기
贍[贍]	넉넉할	섬
钁[钁]	괭이	궐
鐐[鐐]	은	료
鏷[鏷]	무쇠	복
鑥[鑥]	루테튬	로
鐓[鐓]	철퇴	퇴
鑭[鑭]	란타늄	란
鐥[鐥]	복자	선
鐠[鐠]	모포	보
鑹[鑹]	창	찬
鏹[鏹]	돈	강
鐙[鐙]	등자	등
籪[籪]	통발	단
鷦[鷦]	뱀새	초
鰆[鰆]	고기이름	춘
鰈[鰈]	가자미	탑
鱨[鱨]	자가사리	상
鰓[鰓]	아가미	새
鰛[鰛]	정어리	온
鰐[鰐]	악어	악

한자	뜻	음
鰍[鳅]	미꾸라지	추
鰒[鳆]	전복	복
鰉[鳇]	용상어	황
鰌[鳅]	미꾸라지	추
鯿[鳊]	방어	편
鷙[鸷]	수리	취
辮[辫]	땋을	변
贏[赢]	남을	영
懣[懑]	번민할	만
鷸[鹬]	도요새	휼
驟[骤]	달릴	취

18획

한자	뜻	음
鰲[鳌]	자라	오
韉[鞯]	언치	천
顥[颢]	클	호
鷺[鹭]	해오라기	로
囂[嚣]	들렐	효
髏[髅]	해골	루
鑊[镬]	가마	확
鐳[镭]	병	뢰
鐶[镮]	고리	환
鐲[镯]	징	탁
鐮[镰]	낫	겸
鎰[镱]	이테르븀	의
讎[雠]	원수	수
䲢[䲢]	쑤기미	등
鰭[鳍]	지느러미	기

한자	뜻	음
鰨[鳎]	도롱뇽	탑
鰥[鳏]	환어	환
鰟[鳑]	방어	방
鰜[鳒]	넙치	겸
鸇[鹯]	새매	전
鷹[鹰]	매	응
癩[癞]	문둥병	라
囅[冁]	웃는 모양	천
讌[䜩]	잔치	연
礕[礕]	농병아리	벽

19획

한자	뜻	음
攢[攒]	모일	찬
靄[霭]	아지랑이	애
鱉[鳖]	자라	별
躥[蹿]	솟을	찬
巓[巅]	꼭대기	전
髖[髋]	궁둥이뼈	관
髕[髌]	종지뼈	빈
鑔[镲]	동발	찰
籟[籁]	세 구멍 퉁소	뢰
鳘[鳘]	민어	민
鰳[鳓]	준치	륵
鰾[鳔]	부레	표
鱈[鳕]	대구	설
鰻[鳗]	뱀장어	만
鱅[鳙]	전어	용
鰼[鳛]	미꾸라지	습

한자	뜻	음
顫[颤]	떨릴	전
癬[癣]	옴	선
讖[谶]	참서	참
驥[骥]	천리마	기
纘[缵]	이을	찬

20획

한자	뜻	음
瓚[瓒]	제기	찬
鬢[鬓]	살쩍	빈
顬[颥]	관자놀이	유
鼉[鼍]	악어	타
黷[黩]	더럽힐	독
鑣[镳]	재갈	표
鑞[镴]	주석	랍
臢[臢]	더러울	잠
鳜[鳜]	쏘가리	궐
鱔[鳝]	두렁허리	선
鱗[鳞]	비늘	린
鱒[鳟]	송어	준
驤[骧]	머리들	양

21획

한자	뜻	음
顰[颦]	찡그릴	빈
躪[躏]	짓밟을	린
鱧[鳢]	가물치	례
鱣[鳣]	철갑상어	전
癲[癫]	미칠	전

| 贛[贛] | 강이름 | 감 |
| 灝[灝] | 넓을 | 호 |

23획

| 鸛[鸛] | 황새 | 관 |
| 鑲[鑲] | 거푸집 속 | 양 |

24획

趲[趲]	놀라 흩어질	찬
顴[顴]	광대뼈	관
趲[趲]	치솟을	찬

25획

钁[钁]	괭이	곽
饢[饢]	마구 먹을	낭
戇[戇]	어리석을	당

· 저자 ·

안세용   · 약 력 ·
安世鏞

現 農協大學 敎授
國家公認 漢字實力 1級 資格取得
國家公認 漢字實力 師範級 資格取得
漢字·漢文 指導師 資格取得

農協中央會 企劃室·流通部·園藝部 勤務
農協中央會 明洞·西汝矣島·光化門 支店長 歷任
農協中央會 禮山郡 支部長 歷任
農協中央會 서울中部 營業本部長 歷任
農協大學 副學長 歷任

현대 실용한자

· 초판 인쇄	2008년 6월 30일
· 초판 발행	2008년 6월 30일
· 지 은 이	안세용
· 펴 낸 이	채종준
· 펴 낸 곳	한국학술정보㈜
	경기도 파주시 교하읍 문발리 513-5
	파주출판문화정보산업단지
	전화 031) 908-3181(대표)·팩스 031) 908-3189
	홈페이지 http://www.kstudy.com
	e-mail(출판사업부) publish@kstudy.com
· 등 록	제일산-115호(2000. 6. 19)
· 가 격	24,000원

ISBN   978-89-534-9637-8 93710 (Paper Book)
        978-89-534-9638-5 98710 (e-Book)